Los Romanov

Una guía fascinante sobre la última dinastía imperial que gobernó Rusia y el impacto que la familia Romanov tuvo en la historia rusa

© Copyright 2020

Todos los derechos reservados. Ninguna parte de este libro puede ser reproducida de ninguna forma sin el permiso escrito del autor. Los revisores pueden citar breves pasajes en las reseñas.

Descargo de responsabilidad: Ninguna parte de esta publicación puede ser reproducida o transmitida de ninguna forma o por ningún medio, mecánico o electrónico, incluyendo fotocopias o grabaciones, o por ningún sistema de almacenamiento y recuperación de información, o transmitida por correo electrónico sin permiso escrito del editor.

Si bien se ha hecho todo lo posible por verificar la información proporcionada en esta publicación, ni el autor ni el editor asumen responsabilidad alguna por los errores, omisiones o interpretaciones contrarias al tema aquí tratado.

Este libro es solo para fines de entretenimiento. Las opiniones expresadas son únicamente las del autor y no deben tomarse como instrucciones u órdenes de expertos. El lector es responsable de sus propias acciones.

La adhesión a todas las leyes y regulaciones aplicables, incluyendo las leyes internacionales, federales, estatales y locales que rigen la concesión de licencias profesionales, las prácticas comerciales, la publicidad y todos los demás aspectos de la realización de negocios en los EE. UU., Canadá, Reino Unido o cualquier otra jurisdicción es responsabilidad exclusiva del comprador o del lector.

Ni el autor ni el editor asumen responsabilidad alguna en nombre del comprador o lector de estos materiales. Cualquier desaire percibido de cualquier individuo u organización es puramente involuntario.

Índice

INTRODUCCIÓN 1
CAPÍTULO 1 - RUSIA ANTES DE LOS ROMANOV 3
    ILUSTRACIÓN I: REPRESENTACIÓN DE IVÁN EL TERRIBLE Y SU HIJO, HECHA POR ILIÁ REPIN EN EL SIGLO XIX 4
    LA RUS DE KIEV 4
    LA DINASTÍA RÚRIKA 5
    IVÁN EL TERRIBLE 7
    LOS DMITRIS FALSOS 9
CAPÍTULO 2 - LOS PRIMEROS ROMANOV 12
    LOS ROMANOV ANTES DE SU GOBIERNO 12
    EL GOBIERNO DE MIGUEL I 13
CAPÍTULO 3 - UN TUTOR RETORCIDO 18
    LA INFLUENCIA BORIS IVANOVICH MOROZOV 18
    EL DISTURBIO DE LA SAL 21
    UN DILEMA ENTRE LA IGLESIA Y EL ESTADO 24
    LOS ÚLTIMOS AÑOS 25
CAPÍTULO 4 - LOS HIJOS DE ALEXIS 27
    TEODORO III 27
    IVÁN V 29
CAPÍTULO 5 - PEDRO EL GRANDE 34
    EL REINADO DE PEDRO COMIENZA CON TODA SERIEDAD 35
    EN BUSCA DE LOS MARES 37

- La Gran Guerra del Norte...38
- Una vida familiar problemática 42
- Últimos años 47

CAPÍTULO 6 – LA PRIMERA EMPERATRIZ...............................49
- La juventud de Catalina I 50
- La sucesión de Catalina I 53

CAPÍTULO 7 – LOS EMPERADORES Y EMPERATRICES JÓVENES...........56
- Pedro II...57
- Ana Ivanovna 59
- Iván VI..62
- Isabel 64

CAPÍTULO 8 – CATALINA LA GRANDE 68
- Pedro III 69
- El golpe de estado de Catalina 71
- El reinado de Catalina la Grande...74

CAPÍTULO 9 – EL ZAR LOCO 79
- Pablo I 79
- Alejandro I 85

CAPÍTULO 10 – CENSURA Y EMANCIPACIÓN........................89
- Nicolás I..89
- Alejandro II..92
- Alejandro III 95

CAPÍTULO 11 – UN FINAL SANGRIENTO PARA UNA DINASTÍA GOBERNANTE 98
- El emperador desconcertado 99
- Rasputín 101
- El Domingo Sangriento y la Primera Guerra Mundial..................... 102
- La Revolución rusa 105
- La familia real prisionera 105
- La ejecución 107

CONCLUSIÓN..109
VEA MÁS LIBROS ESCRITOS POR CAPTIVATING HISTORY 111

Introducción

La Rusia moderna es el país más grande del mundo, extendiéndose desde las fronteras orientales de Europa hasta el mar de Japón, y comparte su frontera meridional con Mongolia, China y Kazajstán. Su complicada historia se remonta a miles de años atrás, desde la época de la primera colonia documentada en Nóvgorod, del explorador vikingo Rúrik, hasta la actualidad. Y un capítulo indudablemente interesante, emocionante y dramático de su historia fue la época en la que gobernó la dinastía Romanov.

Esta poderosa familia gobernante llegó al poder poco después del aterrador gobierno de una figura legendaria de la historia rusa: Iván el Terrible. Después de asesinar a su propio hijo y a su nieto nonato, Iván murió sin un heredero, lo que resultó en la formación de una nueva dinastía. Esta fue la familia Romanov.

Los Romanov estaban integrados por algunos de los nombres más famosos de toda la historia, desde Pedro el Grande, quien expandió las fronteras del país, hasta la poderosa emperatriz Catalina la Grande, una importante dirigente femenina en una época caracterizada por una inmensa supremacía masculina que sigue siendo una figura que simboliza el poder femenino en la actualidad. Los Romanov gobernaron desde el final de la Edad Media hasta los albores de la era moderna, cuando los últimos Romanov fueron rechazados de forma contundente por una nación que ya no toleraba las monarquías. Todos los poderosos monarcas de esta dinastía tenían peculiaridades e idiosincrasias, gustos y disgustos, pasados que a menudo eran problemáticos y vidas familiares complicadas.

Cada uno de ellos era una persona compleja, intrincada, imperfecta y fascinante. Sus historias pasan por lo bello, lo trágico y lo extraño. Y aquí están retratadas todas ellas para que usted las disfrute.

Capítulo 1 – Rusia antes de los Romanov

Ilustración I: Representación de Iván el Terrible y su hijo, hecha por Iliá Repin en el siglo XIX

El Gran Principado de Moscú se estableció en el siglo XIII y, desde entonces, muchos de los eventos políticos y económicos de Rusia han tenido lugar en esta antigua ciudad ubicada en el río Moskva, el cual la atraviesa.

La Rus de Kiev

El estado eslavo oriental llamado la Rus de Kiev existía en una pequeña región de la Europa oriental. Situado justo al este de Polonia y Hungría, y al norte del Imperio bizantino, la Rus de Kiev era un estado compuesto por antiguas comunidades que habían sido conquistadas por los vikingos en los siglos IX y X.[1] Según la *Primera crónica eslava* o *Crónica de Néstor*, escrita en el siglo XII y que abarca la historia de la región desde el 850 hasta el 1110, se dice que el primer vikingo que reclamó la ciudad de Nóvgorod se llamaba Rúrik. Alrededor del 879, Rúrik fue sucedido por su pariente Oleg, a quien se le atribuye el establecimiento del estado de la Rus de Kiev.[2] Para lograrlo, Oleg anexó primero las ciudades establecidas de Smolensk y Kiev. El fundador vikingo siguió adelante, entrelazando tribus eslavas y finlandesas en su nación, y en el año 911, hizo un acuerdo comercial estratégico con la capital bizantina de Constantinopla.[3]

---

[1] "Estado histórico de la Rus de Kiev". *Enciclopedia Británica*.

[2] Ibíd.

[3] Ibíd.

La economía de los inicios de la Rus de Kiev se sostuvo cuidadosamente. Durante el invierno, los príncipes del Estado viajaban entre las tribus vecinas para cobrar los tributos en forma de dinero, esclavos y pieles. Cuando llegaba el clima cálido, ponían estos artículos en pequeños botes en el río Dniéper de Kiev y viajaban en masa hacia Constantinopla. El río, así como los tratados comerciales de la nación, son los que mantuvieron viable a la Rus de Kiev durante esos primeros siglos.

Rúrik y sus sucesores fueron los primeros de la dinastía Rúrika, quienes gobernaron la Rus de Kiev, el posterior Gran Principado de Moscú y los inicios del zarato ruso.

La dinastía Rúrika

A finales del siglo X, los sucesores y descendientes de Rúrik habían aumentado su dominio en las zonas ubicadas a lo largo de los ríos Dniéper y Volga, poniendo bajo su control a numerosas tribus eslavas orientales. Además, su lealtad al Imperio bizantino tuvo una fuerte influencia en la cultura. Por ejemplo, en el año 988, durante el mandato del príncipe Vladimir (el bisnieto de Rúrik), se cambió la religión oficial de la Rus de Kiev al cristianismo.[4]

Sin embargo, no pasó mucho tiempo antes de que el nuevo estado en expansión cayera en un deterioro interno. Vladimir tuvo que pelear con uñas y dientes para obtener el control sobre la Rus de Kiev, y su hijo, Yaroslav, también tuvo que hacerlo. No había reglas concretas sobre la sucesión pues en aquel entonces, cada quien estaba por su cuenta. Yaroslav intentó facilitar la transición de un líder a otro dejando un testamento detallado tras su muerte en 1054, el cual dividía su dominio entre sus numerosos hijos, con la intención de que el mayor gobernara sobre todo. Inevitablemente, la guerra estalló, y aunque las siguientes generaciones intentaron seguir el modelo de sucesión de Yaroslav sin mucho éxito, el caos reinaba durante siglos

---

[4] "Dinastía Rúrika", enciclopedia.com

cada vez que un gobernante moría. La Rus de Kiev se dividió en numerosos principados o ducados más pequeños, con Kiev como la capital.

Como los príncipes de la Rus de Kiev se peleaban entre ellos por conseguir la supremacía, no pudieron evitar que sus enemigos externos se aprovecharan de las fronteras poco vigiladas. Los polacos, los lituanos y los mongoles, quienes eran los más devastadores de todos, estaban ansiosos por llevarse una parte del vasto territorio. Los ataques mongoles fueron tan devastadores que el propio Kiev cayó ante ellos.

De hecho, ese podría haber sido el final de la historia rusa tal como la conocemos si no fuera por un puñado de héroes valientes que se levantaron contra estas amenazas imponentes. El primero de ellos fue Alejandro Nevski, un príncipe de la dinastía Rúrika que se enfrentó a los Caballeros Teutónicos en 1242. Estos caballeros, cuya misión era difundir el catolicismo romano a todos los rincones que lograran llegar, habrían podido cambiar por completo la vida de los rusos ortodoxos orientales. En una emocionante batalla en un lago congelado, Nevski los mandó a hacer las maletas, con lo que salvó a su pueblo de lo que pudo haber sido un devastador cambio cultural.[5]

En 1380, otro héroe se levantó contra los mongoles, esta vez enviándolos finalmente lejos de la frontera rusa. Se trataba de Dmitri Donskói, también parte de la dinastía Rúrika, que había gobernado Moscú desde 1359 después de haber tomado el trono cuando tenía solo nueve años. Se enfrentó a la Horda de Oro durante la batalla de Kulikovo el 8 de septiembre de 1380, con la cual dio fin al dominio mongol sobre su reino durante dos breves años. Los mongoles volvieron a saquear Moscú en 1382, pero la victoria de Donskói había demostrado al pueblo ruso que los mongoles podían ser derrotados.

---

[5] "4 Grandes Héroes Rusos": desde un príncipe hasta un gerente de un helipuerto, *Russia Beyond*.

Los sucesores de Donskói eventualmente se quitarían los grilletes mongoles y convertirían su estado en algo mucho más poderoso.[6]

Sin embargo, la Rus de Kiev del siglo X había desaparecido hace mucho tiempo. Los mongoles habían ganado el control de Kiev, la capital de Rusia ahora era Moscú y su gobernante era conocido como el "Gran Príncipe de Moscú". Técnicamente, solo gobernaba sobre las tierras del Gran Principado de Moscú, pero seguía siendo el líder supremo de los príncipes que gobernaban los distintos principados que conformaban el resto de Rusia.

Entre 1430 y 1453, se libró una sangrienta guerra civil que acabó con el caótico modo de sucesión existente al establecer una sucesión hereditaria más estándar, con hijos en lugar de hermanos heredando el título. Esto trajo una unidad mucho mayor durante casi dos siglos, así como un nuevo título para el gobernante de Rusia, ya que el gran príncipe estaba a punto de convertirse en emperador.

Iván el Terrible se convirtió en una figura legendaria por sus actos extraños y a menudo brutales, pero también fue un poderoso gobernante. En 1547, se convertiría en el primero en ser conocido como el zar de toda Rusia.[7]

Iván el Terrible

Iván IV, conocido coloquialmente como Iván el Terrible, fue miembro de la antigua familia Rúrik. Sirvió como gran príncipe de Moscú desde 1533 hasta 1547. Sin embargo, su mandato no terminó en 1547, ya que en este año fue coronado jefe del zarato ruso, también llamado el zarato moscovita.[8] La palabra "zar" derivó del italiano "César". Fue el comienzo de una era de expansión territorial

---

[6] "Dmitri (II) Dónskoy", *Enciclopedia Británica*.

[7] "Iván, el terrible zar de Rusia". *Enciclopedia Británica*.

[8] "Iván el Terrible". *Enciclopedia Británica*.

sin precedentes para la región, ya que los gobernantes anexaron los territorios al este a un ritmo promedio de 35.000 kilómetros cuadrados por año desde 1551 hasta 1700.⁹

El apodo "Terrible" es bastante controvertido y muchos historiadores creen que se refiere al comportamiento errático y violento del primer zar, particularmente después de la muerte de su esposa, Anastasia.

En 1570, aparentemente convencido de que toda la población de la ciudad de Nóvgorod conspiraba en su contra, Iván se puso a la cabeza del ejército, saqueó la ciudad y mató a miles de personas.[10] En 1581, Iván supuestamente asesinó a su hijo y heredero en un ataque de rabia, golpeándolo hasta la muerte con un palo de madera.[11] El incidente fue capturado por el pintor contemporáneo Iliá Repin en una sangrienta escena titulada *Iván el Terrible y su hijo Iván*. Aunque era despiadado a nivel personal, Iván también llevó esa brutalidad al campo de batalla. Fue bajo su liderazgo que el zarato ruso obtuvo importantes ganancias territoriales al norte y este de Kiev y Nóvgorod. Comenzó con el exitoso asedio de Kazán en 1552, en el que los rusos tomaron la capital de sus rivales, los tártaros.[12]

Aunque ahora era considerablemente más grande de lo que había sido, el zarato ruso estaba agotado y en bancarrota cuando Iván el Terrible murió en 1584, y la familia real solo tenía un hijo vivo para reemplazarlo: Teodoro.

Teodoro I, hijo de Iván el Terrible y Anastasia Romanovna, heredó el zarato cuando falleció su padre en 1584 y continuó la

---

[9] Tuberías, Richard. *Rusia bajo el Antiguo Régimen, Segunda Edición*. 1997.

[10] DuVernet, M.A. *Oda a la libertad de Pushkin*. 2014.

[11] DuVernet, M.A. *Oda a la libertad de Pushkin*. 2014.

[12] Totton, Louis. "Iván el Terrible, la historia de la expansión de Rusia". *Liden & Denz*. Web.

tradición del gobierno de la familia Rúrik.[13] Debido a lo que pudieron haber sido problemas de salud mental o dificultades en el aprendizaje, Teodoro era simplemente una figura decorativa, ya que su tío materno, Borís Godunov, se encargaba de los asuntos políticos del Estado. Cuando Teodoro murió en 1598, la dinastía Rúrika llegó a un abrupto final después de más de 700 años de liderazgo.[14]

Los Dmitris falsos

Sin un heredero que tomara la corona de Teodoro, la nación cayó en la anarquía y la confusión durante un período llamado la *Época de la Inestabilidad* o *Período Tumultuoso*. Una serie de "falsos Dmitri" apareció bajo la apariencia de Dmitri Ivánovich, el hijo menor de Iván IV, quien se cree que murió en 1591. Dmitri estaba en el exilio con su madre en ese momento, pues fueron enviados fuera de Moscú por el boyardo que controlaba el estado durante el reinado de Teodoro. Su muerte fue sospechosa, ya que el niño de ocho años fue apuñalado en la garganta. Aunque durante muchos años se creyó que Borís Godunov, el boyardo, ordenó su asesinato, los historiadores modernos consideran que lo más probable es que sufriera un ataque epiléptico mientras sostenía un cuchillo y se apuñalara accidentalmente, lo que haría de su muerte un trágico accidente.

Sin embargo, no fue la forma en que murió Dmitri lo que finalmente causó el caos en Rusia. Fue el hecho de que muchos impostores trataron de hacer creer al pueblo que dicha muerte nunca sucedió. Cada uno de ellos afirmó que la muerte de Dmitri había sido fingida y que ellos eran el príncipe perdido de Rusia. Causaron constantes problemas al intentar reclamar el trono, a pesar del hecho de que una verdadera reclamación de Dmitri habría sido inestable en el mejor de los casos, debido a que era el hijo de la quinta esposa de

---

[13] DuVernet, M.A. *Oda a la libertad de Pushkin.* 2014.

[14] "Teodoro I". *Enciclopedia Británica.*

Iván. En aquel entonces, solo tres matrimonios eran permitidos por la Iglesia ortodoxa de Rusia.

Otros problemas surgieron durante la hambruna que se produjo entre 1601 y 1603, durante la cual se estima que un tercio de los habitantes del zarato ruso murieron de hambre y por enfermedades relacionadas a esto.[15]

Aún peor, la vecina Mancomunidad de Polonia-Lituania aprovechó el estado debilitado de Rusia para declarar la guerra, avanzando en territorio ruso y ocupando Moscú desde 1605 hasta 1612. El ataque fue liderado por uno de los supuestos falsos Dmitris, quien, luego de ser rechazado en Moscú por Boris Godunov, huyó a Polonia y convenció a importantes figuras de ese país de sus derechos. La guerra no estuvo a favor de Dmitri hasta que Godunov murió repentinamente en 1605, momento en el que los propios rusos coronaron al autoproclamado heredero de Iván IV con el título de Dmitri I.[16] Simultáneamente, se llevó a cabo un golpe de estado para encarcelar al recién coronado Teodoro II, hijo de Boris Godunov y Maria Skuratova-Belskaya.

El gobierno de Dimitri I fue bastante corto, ya que se las arregló para ofender a la nobleza y a los plebeyos rusos al casarse con Marina Mniszech en mayo de 1606.[17] Mniszech no pertenecía a la fe cristiana ortodoxa rusa, algo que no era costumbre para los gobernantes de Rusia, y como ella no se convirtió, los detractores comenzaron rumores de que el zar planeaba fusionar la Iglesia ortodoxa de Rusia con la Santa Sede del catolicismo romano. Además, el nuevo zar tenía muchas amistades cercanas con extranjeros y rusos progresistas con estilos de vida no ortodoxos. Una parte de la nobleza rusa, los boyardos, estaba muy descontenta y planeaba asesinar al zar.

---

[15] Moon, David. *El campesinado ruso*. 2014.

[16] "El primer Dmitri falso". *Enciclopedia Británica*.

[17] Dunning, Chester S. L. *Breve historia de la primera guerra civil rusa*. 2010.

La mañana del 17 de mayo, Basilio Shuisky dirigió a muchos de los boyardos y plebeyos aliados al Kremlin, donde asesinaron a Dmitri I. Shuisky lo reemplazó como zar hasta el año 1610, cuando un segundo falso Dmitri reclamó el título.[18] Sin embargo, esta vez el ejército invasor, que estaba respaldado nuevamente por la Mancomunidad de Polania-Lituania, hizo un movimiento sorpresa, y en lugar de coronar a Dmitri, hicieron un trato con los rusos para que el príncipe polaco Vladislao fuera zar. Cuando el compromiso de Vladislao se puso en marcha, las tropas polacas se movilizaron para ocupar Moscú y el Kremlin. Aunque Dmitri II todavía lideraba una facción de partidarios, no fue suficiente para evitar su asesinato en diciembre de ese año.[19]

La muerte de Dimitri II y el hecho de que Vladislao de Polonia permitiera a sus tropas ocupar Moscú sin preocuparse por establecer un gobierno compartido con los boyardos como se había prometido, significó una decadencia social aún mayor. Suecia tomó esto como una ofensa, pues ya había estado en guerra con los polacos, y también declaró la guerra a Rusia. Tenían su propio falso Dmitri y planeaban que se juramentara como zar en su nombre. Era una guerra civil, con facciones de rusos luchando con los polacos, los suecos o apoyando alguna forma de independencia.

En septiembre de 1612 comenzó la batalla de Moscú.[20] Aunque los ejércitos polaco-lituanos habían logrado devastar la ciudad rusa de Vologda, en diciembre se decidió que volverían a casa después de una clara victoria rusa en la capital.

---

[18] Borrero, Mauricio. *Rusia: Una guía de referencia desde el Renacimiento hasta el presente.* 2009.

[19] Ibíd.

[20] *La Historia de Cambridge de Polonia.* 2016.

Capítulo 2 – Los primeros Romanov

Después de haber sacado a la nación del borde del colapso, los boyardos rápidamente organizaron un parlamento especial conocido como el Zemski Sobor.

Tomando en cuenta que el zarato de Rusia necesitaba con urgencia un liderazgo fuerte, tradicional y patriótico, los boyardos buscaron un candidato que encajara con esta descripción. Había uno con el que todos estaban de acuerdo: Mijaíl Fiódorovich Romanov, mejor conocido como Miguel I.

Los Romanov antes de su gobierno

Con la dinastía Rúrika hecha añicos, habría que encontrar una nueva familia que se convirtiera en la realeza de Rusia y los Romanov eran una opción obvia.

A medida que el Gran Principado de Moscú emergía como el principado gobernante en Rusia, los Romanov se volvieron más y más poderosos. No eran una familia particularmente grande, pero lograron acercarse a los gobernantes de la época. De hecho, Roman Yurievich Zakharyin-Yuriev, nacido en 1500, sirvió como *okólnichi* del Gran príncipe Basilio III, quien reinó desde 1505 hasta 1533. En ese momento, el *okólnichi* no tenía poder sobre grandes tierras o grandes ejércitos, pero era muy cercano al gobernante, ya que el cargo consistía en ser una especie de asistente personal que hacía los arreglos de viaje y trataba con los embajadores extranjeros.

Sin embargo, nadie se acercaría tanto a Iván el Terrible como la segunda hija de Zajarin-Yúriev, Anastasia Romanovna.[21] Es posible que ambos se conocieran incluso antes de que él se convirtiera en el gran príncipe de Moscú, y parece que se enamoraron de verdad. Iván estaba constantemente dedicado a su nueva novia y muchos de sus coetáneos la consideraban una influencia que domesticaba su temperamento salvaje y problemático. De hecho, durante la vida de Anastasia, Iván fue un gobernante capaz y ambicioso. Fue después de su muerte que despertó en él una profunda paranoia y transformó su reinado en el régimen terrorífico de un demente. Ella fue envenenada, probablemente por aquellos que buscaban acabar con la vida del zar.

Sin embargo, una vez que la línea de Iván se extinguió, era evidente que la familia Romanov era lo más cercano a la realeza que tenía Rusia. Como resultado, Miguel Romanov, el sobrino nieto de Anastasia Romanovna, se convirtió en el siguiente zar.

El gobierno de Miguel I

Como no era bienvenido en Rusia durante el gobierno de Boris Godunov, Miguel Romanov fue exiliado a la ciudad subordinada de Beloózero en 1600 o 1601.[22] Se creía que las acusaciones de traición hechas por Godunov contra el padre de Miguel, Fiódor, eran en gran medida falsas, y por lo tanto, Miguel, de dieciséis años, era un candidato popular a ser líder de la nación.

---

[21] "Las ocho esposas de Iván el Terrible, ninguna de las cuales tuvo un final feliz", *The Vintage News*.

[22] Prokhorov, Aleksandr Mikhaĭlovich. *La gran enciclopedia soviética*. 1982.

Después de mucha politiquería y amenazas, los miembros del Zemski Sobor debatieron sus opciones y finalmente tomaron la decisión unánime de elegir a Mijaíl Fyodorovich Romanov como zar de Rusia el 21 de febrero de 1613.[23]

Aunque el joven Miguel Romanov había sido seleccionado con éxito como jefe del zarato ruso, nadie había estado en contacto con él durante el proceso de elección. Por lo tanto, una vez tomada la decisión, los emisarios de Moscú tuvieron que viajar al monasterio donde Miguel vivía con su madre cerca de la ciudad de Kostroma.

Al ser informado de la decisión del Zemski Sobor, Miguel se mostró reacio a aceptar el rol que le ofrecieron. Aún no había cumplido los diecisiete años y tenía muy poca educación formal. Había estado viviendo con su madre en el monasterio desde que Boris Godunov la obligó a convertirse en monja, por lo que esperaba vivir una vida sencilla. Sin embargo, el joven fue persuadido a asumir el mando, aunque solo fuera como portador del título y no en la práctica, y el 21 de julio de 1613, Miguel Romanov fue coronado zar de Rusia.[24]

Como probablemente sabía muy bien que no estaba capacitado para tomar muchas decisiones políticas importantes, Miguel permitió que los familiares de su madre se hicieran cargo de gran parte de los asuntos gubernamentales. Cada uno tenía razones personales para hacerlo (generalmente el deseo de poder), pero en conjunto, lograron sacar a Rusia del caos y la incertidumbre que los abrumaba durante la *Época de la Inestabilidad*. La familia Romanov disolvió los conflictos internos en el seno del zarato y buscó hacer tratados de paz exitosos con Suecia y Polonia, los cuales fueron ratificados en 1617 y 1618, respectivamente.[25]

---

[23] Dunning, Chester S. L. *Breve historia de la primera guerra civil rusa.* 2010.

[24] "Miguel, zar de Rusia". *Enciclopedia Británica.*

[25] Ibíd.

Una vez que estos tratados de paz entraron en vigor, al padre de Miguel se le permitió regresar de su exilio y encarcelamiento en Polonia. Fiódor Nikitich Romanov regresó triunfante a Moscú, luego de haber sido un candidato primario al zarato tras la muerte de Iván IV. Fue nombrado jefe de la Iglesia ortodoxa de Rusia y nombrado Patriarca de Moscú, quien era la cabeza de la Iglesia, lo que lo estableció efectivamente como co-gobernante de Rusia.

Uno de los principales objetivos del Patriarca Fiódor era crear vínculos más estrechos con Europa occidental, con lo que modernizaría el gobierno ruso para que se centralizara mucho más. Usó de forma extensiva el Zemski Sobor como cuerpo de discusión y elección, lo que le ayudó a ganarse la confianza y el respeto de los boyardos ricos de Rusia. En un intento de comparar a Rusia con el antiguo Imperio romano, Fiódor presionó para fortalecer la política económica de la servidumbre bajo su régimen.

La servidumbre era una práctica común tanto en la antigua Roma como en la Rusia medieval, y significaba el vasallaje o la servidumbre por contrato de millones de trabajadores. Estos trabajadores no eran considerados esclavos; sin embargo, estaban atados a pedazos específicos de terreno y a los señores que poseían y gobernaban esas tierras. Los siervos trabajaban la tierra para producir cosechas, carne y otros productos alimenticios, así como para mantener los caminos y otros aspectos de la propiedad del señor. Cualquier producto producido en la tierra era propiedad del señor. Sin embargo, a cambio de trabajar la tierra, cada señor permitía a sus siervos vivir en el terreno y cultivar sus propias parcelas para sus necesidades. En general, los siervos no se vendían excepto cuando se incluían en un paquete junto con el terreno.

Para cualquier sociedad agrícola con intenciones de expandirse y enriquecerse, la clase sierva era vista como una parte necesaria de la vida. En muchos casos, los siervos y las otras clases pobres de Rusia eran considerados menos inteligentes y ciertamente menos merecedores de riqueza que la gente de alta alcurnia de Rusia. La creencia de que los siervos eran una forma inferior de la humanidad era importante para permitir que la servidumbre se convirtiera en el principio económico fundamental del zarato. Muchos de estos siervos adjudicaron sus tierras y se trasladaron a la aislada región de la estepa de Rusia para tratar de encontrar otra forma de vida. Como sabía que tales patrones migratorios significarían la caída de todo el sistema económico, Romanov aprobó leyes que ataban a los trabajadores a la tierra en la que trabajaban. También reorganizó la recaudación de impuestos para asegurar que las arcas del estado se rellenaran rápidamente y se mantuvieran así.

El anciano Romanov también reorganizó el ejército de la nación, lo que significó que Rusia estaba mejor preparada para soportar una nueva guerra con Polonia, la cual comenzó en 1632.[26] Esta vez, Rusia fue la nación agresora. En la primera tregua entre Rusia y Polonia-Lituania se había cedido tierra rusa (una región llamada Smolensk) a cambio de la paz, pero esta debía expirar en 1633. En un esfuerzo por reclamar esa tierra, Romanov atacó en el momento más oportuno, justo después de la muerte del rey Segismundo III.

Desafortunadamente, Fiódor Romanov murió en 1633, y su hijo carecía de la influencia militar necesaria para continuar la guerra. En su lugar, Miguel I negoció con Polonia-Lituania y aceptó retirar las tropas rusas para redactar otro tratado. Smolensk permaneció en manos extranjeras.

Debido a una lesión en la pierna por un accidente de equitación en su juventud, el zar Miguel I tuvo dificultades para caminar en los últimos años de su vida. Con los parientes de su madre de nuevo a cargo del gobierno, el zar se centró principalmente en los matrimonios de sus hijos. Su segunda esposa, Eudoxia Streshneva, le dio diez hijos después de su boda en 1626, y cuatro de ellos alcanzaron la edad adulta: Alexis, Irina, Ana y Tatiana.[27] La última

---

[26] "Guerra de Smolensk 1632-1633". Historia de la guerra. Web. 2007.

[27] Montefiore, Simon Sebag. *Los Romanov: 1613-1918*. 2016.

gran ambición en la vida de Miguel era que su hija mayor, Irina, se casara con el hijo del rey Cristián IV de Dinamarca. Las discusiones sobre este potencial matrimonio llegaron a un punto muerto debido al tema de la religión. Miguel I no quiso que ningún miembro de la familia real rusa se casara con nadie fuera de la Iglesia ortodoxa rusa, y aunque este era el caso, al prometido, el conde Valdemar Cristián de Schleswig-Holstein, su propia familia le prohibió cambiar de fe.

Se informó que el zar Miguel estaba tan devastado por el fracaso de estas negociaciones matrimoniales que se enfermó gravemente. En abril de 1645, el zar se enfermó. Los historiadores generalmente concuerdan en que fue una combinación de escorbuto, hidropesía y depresión. Su salud se deterioró con rapidez, y el 12 de julio, se desmayó mientras asistía a un servicio religioso. Once días más tarde, murió, dejando el zarato de Rusia a su hijo Alexis.[28]

---

[28] Montefiore, Simon Sebag. *Los Romanov: 1613-1918*. 2016.

Capítulo 3 – Un tutor retorcido

Nacido en Moscú el 29 de marzo de 1629, Alexis Mijáilovich I, también llamado Alejo, fue el único hijo de Miguel I y Eudoxia Streshneva que alcanzó la edad adulta.[29] Como era costumbre que los hombres y mujeres rusos de las familias reales y nobles tuvieran viviendas separadas, los niños como Alexis vivían con las mujeres del *terem* hasta los cinco años. Así, Alexis y sus hermanos habrían estado extremadamente aislados. La reina y sus contrapartes femeninas no podían socializar con ningún hombre que no fuera parte de su familia inmediata, y cuando se aventuraban fuera de las puertas reales, se les cubría o se les escondía en carruajes cerrados.

La influencia Boris Ivanovich Morozov

Cuando cumplió cinco años, a Alexis se le permitió dejar el *terem* por el bien de su educación. Un tutor llamado Boris Ivanovich Morozov enseñó al príncipe ruso a leer y escribir, así como los elementos fundamentales de la Iglesia ortodoxa rusa. La fe era de suma importancia para la familia real, así como para los boyardos y el público en general del zarato.

---

[29] Flantzer, Susan. "Alexis I zar de toda Rusia". *Realeza no oficial*.

El cristianismo había sido aceptado como la religión principal de la Rus de Kiev en el siglo X, ya que durante esta época fue bautizada la regente de Kiev, Santa Olga.[30] Durante el período de la dominación mongola, entre los siglos XIII y XV, la importancia de la religión creció enormemente, ya que la gente acudía en masa a los monasterios. En 1448, el pueblo ruso eligió a su propio líder regional, conocido como el Metropolitano, y a partir de entonces se separaron políticamente del centro cristiano de Constantinopla.[31] Este fue el nacimiento de la Iglesia ortodoxa rusa, la cual permaneció independiente de otras grandes iglesias cristianas de la era medieval.

El príncipe Alexis no solo aprendió sobre la importancia de la iglesia nacional, sino que también recibió una educación bastante inusual para la época. Aunque generalmente era suficiente para la realeza que aprendieran sobre literatura y religión, el tutor de Alexis no se detuvo ahí. El príncipe también estudió idiomas extranjeros, ciencias y estrategia militar. El estilo de su educación era similar al de la nobleza de Europa occidental y esto cambiaría dramáticamente la historia de su propia familia y la de Rusia como nación.

Cuando Alexis I llegó al poder en 1645, tenía la misma edad que su padre cuando los boyardos de Moscú lo tomaron por sorpresa dándole la noticia de que había sido elegido como nuevo zar. Su ascenso al poder convirtió a Alexis en el segundo zar de toda Rusia, así como el segundo de la recién establecida dinastía Romanov. A pesar de su buena educación, el joven zar inicialmente confió en su tutor, Morozov, para lo relacionado con asuntos de estado, ya que después de todo solo tenía dieciséis años. Dos años después de ser nombrado zar, se esperaba que Alexis se concentrara en encontrar una esposa y formar una familia. Para que el proceso fuera lo más rápido y eficiente posible, se organizó una exhibición de novias tradicional, en la que se reunieron casi 200 muchachas para que el zar

---

[30] "Iglesia ortodoxa rusa". *Enciclopedia Británica*.

[31] Ibíd.

eligiera.[32] Aunque parecía que Alexis tenía rienda suelta para encontrar a la chica que más le gustaba, Morozov tenía otras ideas.

Al principio, Alexis decidió casarse con una chica llamada Euphemia Feodorovna Vsevolozhaskaya, la hija de un rico aristócrata. Morozov, sin embargo, no estaba contento con esta decisión, ya que su objetivo era utilizar el matrimonio real para convertirse en un pariente legítimo de su antiguo alumno. El plan no era sencillo. Para lograr su objetivo, Morozov necesitaba convencer a Alexis de que se casara con María Ilyinichna Miloslavskaya, la hija de su buen amigo, y luego conseguir que se casara con la hermana de María, Ana.

Primero, Morozov tuvo que eliminar a Feodorovna de la ecuación, y aparentemente lo hizo pagando a un peluquero para que tratara el pelo de la chica tan brutalmente que se desmayó. El médico que examinó a la chica después también fue pagado por Morozov, esta vez para declarar que Feodorovna sufría de epilepsia. Tal enfermedad en una novia real no era aceptable, y no solo se canceló el matrimonio de Feodorovna y el zar Alexis, sino que el padre de la niña fue acusado de ocultar la enfermedad de su hija para que ella pudiera casarse con el zar. Posteriormente, la chica y su familia fueron exiliados. El plan funcionó perfectamente, y Morozov pronto convenció a Alexis de que se casara con María Ilyinichna Miloslavskaya el 16 de enero de 1648.[33] Diez días después de la boda real, Morozov se casó con la hermana de la zarina, Ana.[34]

---

[32] Flantzer, Susan. "Alexei I zar de toda Rusia". *Realeza no oficial*.

[33] Kivelson, Valerie A. *El diablo le robó la mente: El zar y el levantamiento de Moscú de 1648*. 1993.

[34] "Morozov, Borís Ivanovich". *Enciclopedia.com*.

El disturbio de la sal

En el curso de unos pocos años, el zar Alexis comenzó a poner mano dura en la política de su reino. Uno de los momentos más importantes de su gobierno fue el mismo año de su matrimonio. Disturbios en Moscú, Nóvgorod y otras ciudades estallaron por un cambio en la legislación fiscal. Para poner más dinero en el tesoro real, se le aconsejó a Alexis que empezara a gravar la sal. Como ya sentían la carga de los impuestos estatales, los siervos y otros ciudadanos pobres se rebelaron en lo que se llamaría el "disturbio de la sal". Estas personas no eran rebeldes, solo tenían hambre. El pescado salado era un alimento básico en Rusia, y como la sal era gravada tan duramente, se volvió casi inasequible y la gente no tenía forma de preservar su comida. El hambre era un resultado inevitable. Sin embargo, los boyardos a menudo encontraban lagunas en la legislación de forma que no tenían que pagar su parte.

Además de los impuestos sobre la sal, había más problemas en las fincas agrícolas, ya que un gran número de siervos escapaban de las tierras que debían trabajar. Esto se debía a dos razones: la crueldad de los terratenientes y la infertilidad de gran parte del suelo de Rusia. Las leyes existentes daban cierto período de tiempo a los terratenientes para recapturar y reclamar a sus siervos, pero como cada vez había más tierra sin cultivar, los señores insistían en que había que darles más tiempo para hacerlo. El zar cedió y vinculó a los trabajadores de forma más estricta a la tierra y a la autoridad de los terratenientes.

Como aquellos que pertenecían a la clase media y baja rusa eran conscientes de que el zar Alexis gobernaba la nación según el consejo de Boris Ivanovich Morozov, exigieron la destitución de este último. Se creía que el zar era una persona elevada designada por Dios, por lo que era raro ver alguna crítica dirigida directamente a la cabeza de la nación, así que la reprobación de la gente se dirigía a los consejeros. El 1 de junio de 1648, la multitud se reunió en el Kremlin, con la intención de apelar al zar directamente y defender su caso.³⁵ Sin embargo, al llegar a él y explicarle su petición, la policía sacó a la gente por la fuerza, alejándolos del zar. Conmocionados por este trato, el pueblo exigió colectivamente que el jefe de policía, Leontii Pleshcheyev, les fuera entregado junto con Boris Morozov, Duma diak Nazar Chistoy y Piotr Trajanotov. Nazar Chistoy participó en la implementación del impuesto sobre la sal y Trajanotov era un superior del gobierno y cuñado de Morozov.

Los guardias del zar, llamados los Streltsí, tuvieron un dilema moral durante estos eventos, ya que muchos de ellos eran miembros de la misma clase que los manifestantes. Aunque estaban empleados en el palacio, los guardias tenían otros trabajos en la ciudad como artesanos y, por lo tanto, no estaban dispuestos a dañar a sus conciudadanos, especialmente no en defensa del increíblemente impopular jefe de la policía de Moscú. Alexis trató de aplacar al pueblo en nombre de Pleshcheyev, pero no sirvió de nada. El 3 de junio, el zar entregó a Pleshcheyev a los alborotadores que lo esperaban, quienes lo atacaron y mataron inmediatamente.

Según un informe contemporáneo, "lo aporrearon llenándolo de hematomas y con hachas lo cortaron en pedazos como a un pez, pedazos que dejaron tirados al descubierto aquí y allá".³⁶

Alborotados por la captura y el asesinato del odiado jefe de policía, los alborotadores incendiaron la parte central de la ciudad, quemaron miles de casas y ejecutaron a Nazar Chistoy. Se pusieron a cazar a los impopulares boyardos y otros ciudadanos ricos de la ciudad, atacando y matando a muchos de ellos. Con la ciudad completamente fuera de control, el zar Alexis prometió a los Streltsí un aumento de sueldo si detenían los disturbios y volvían a trabajar. El zar pasó una semana tratando de negociar la vida de su más valioso amigo y funcionario del

---

³⁵ Flantzer, Susan. "Alexis I zar de toda Rusia". *Realeza no oficial.*

³⁶ Kivelson, Valerie A. *El diablo le robó la mente: El zar y el levantamiento de Moscú de 1648.* 1993.

gobierno, Boris Morozov, pero para el 12 de junio, no tuvo más remedio que exiliar a Morozov a un monasterio siberiano.[37]

Los disturbios se enfriaron poco después de que Morozov dejara la ciudad, pero para entonces, la mitad de Moscú estaba quemada hasta los cimientos. Para mantener a los ciudadanos tranquilos y reparar los daños causados a los propietarios, Alexis prometió a los pobres que sus cuentas morosas no debían ser canceladas y que no tendrían que pagar los atrasos hasta algún momento en el futuro. Además, proporcionó a la nobleza más tierras, dinero y siervos para que pudieran restablecerse. Con una gran cantidad de antiguos alborotadores satisfechos con los resultados, para el gobierno del zar fue sencillo aprender quién había sido una fuerza líder detrás de las protestas que logró que esas personas fueran arrestadas y ejecutadas.

El resultado legal de los disturbios de la sal en Moscú fue el *Sobornoye Ulozheniye*, un nuevo código de leyes que fue aprobado en 1649.[38] Según el documento, los esclavos y campesinos libres de Rusia fueron oficialmente agrupados en una nueva clase de siervos. Además, los siervos fueron considerados parte de esta clase de forma hereditaria, y por lo tanto, no podían hacer nada para cambiarla. En lo que respecta a los pobres, se les impidió dejar la industria agrícola y buscar nuevos trabajos y formas de vida. Para hacer cumplir esta legislación, los viajes entre ciudades solo eran posibles con la documentación adecuada de un pasaporte interno. A cambio de estas reformas que les beneficiaron enormemente, la nobleza rusa aceptó servir en el ejército.

Era de suma importancia que se entendiera y se cumpliera el *Sobornoye Ulozheniye*, así que para asegurar que no hubiera malentendidos, el zar Alexis hizo que llevaran una imprenta por primera vez a Rusia. Gracias a la imprenta, el nuevo código de leyes

---

[37] "Morozov, Borís Ivanovich". *Enciclopedia.com*.

[38] "El Sobornoye Ulozheniye de 1649". *UNESCO*.

pudo ser fácilmente publicado y enviado a todos los funcionarios del gobierno y organizaciones policiales en cada una de las ciudades y pueblos de Rusia.

Un dilema entre la Iglesia y el Estado

Después de solo cuatro meses de exilio, Boris Morozov regresó en secreto a Moscú. Aunque según las apariencias externas, ya no estaba involucrado en el gobierno, los historiadores están de acuerdo en que simplemente todo continuó como antes y utilizaba representantes para llevar a cabo los negocios. Poco después de que su mentor regresara, el zar Alexis encontró un nuevo consejero en el Metropolitano Nikon Nóvgorod. Impresionado por la devoción del hombre a la Iglesia ortodoxa rusa, el devoto zar desarrolló una amistad con Nóvgorod que influiría en sus propios tratos con el gobierno. En 1652, Nóvgorod fue nombrado Patriarca de Moscú y de toda Rusia, en un momento en que sus puntos de vista sobre las relaciones exteriores se convirtieron en un foco central del gobierno ruso.[39] El zar Alexis también hizo a Nóvgorod el archimandrita (prior) del monasterio Novospassky en Moscú, el cual estaba afiliado a la Casa Romanov.

La relación entre Nóvgorod y el zar Alexis fue positiva y productiva durante varios años hasta que quedó claro que ambos tenían puntos de vista diferentes sobre si la Iglesia debía influir en los asuntos de estado. Además de su creencia de que la Iglesia ortodoxa rusa debía tener una participación primordial en la gestión del Estado, Nóvgorod también creía que algunas de las facetas tradicionales de la Ortodoxia rusa estaban obsoletas. Las reformas de la iglesia llevaron a una división entre los miembros contemporáneos de la iglesia y una facción que se conoció como los "viejos creyentes". La división, llamada "Raskol", fue bastante oficial, dejando a muchos rusos tradicionales fuera del redil de la nueva Iglesia ortodoxa rusa.

---

[39] Flantzer, Susan. "Alexis I zar de toda Rusia". *Realeza no oficial.*

La modernización de la Iglesia durante el Raskol se implementó para acercar la religión de Rusia a la Iglesia ortodoxa griega. Algunos de los cambios incluyeron la ortografía aceptada del nombre de Jesús en los libros de oración y el número exacto de dedos que se deben usar para hacer la señal de la cruz. Muchos rusos que habían pasado toda su vida siguiendo las viejas costumbres simplemente se negaron a reconocer las nuevas reglas. Por su lealtad a los viejos métodos, los viejos creyentes fueron perseguidos y algunos incluso terminaron en la cárcel. Muchos viejos creyentes se autoexiliaron en la frígida y aislada Siberia.

El zar se cansó de estos cambios y, en particular, de los problemas que le causaron a él, al pueblo y al gobierno. En 1666, Alexis reunió al Gran Sínodo de Moscú para hablar de los problemas que todos tenían con Nóvgorod. Dado que los miembros del sínodo estaban, en su mayoría, de acuerdo con el zar, acordaron remover formalmente a Nóvgorod del cargo. A partir de entonces, el otrora poderoso líder de la iglesia solo sería conocido como el monje Nikon y viviría en un monasterio siberiano.

Los últimos años

Al igual que sus predecesores, el zar Alexis se enfrentó en la guerra contra Polonia durante su reinado, y para el beneficio de su nación, continuó fortaleciendo el ejército como lo había hecho su padre. Hizo uso regimientos internos en del cuerpo del ejército, incluyendo caballería, infantería, dragones (jinetes) y húsares. Para reforzar la efectividad general del ejército ruso mejorado, el zar también contrató mercenarios europeos. La guerra ruso-polaca tuvo lugar entre 1654 y 1657, y esta vez, Rusia salió victoriosa.[40] De hecho, Alexis también trató de incursionar en territorio sueco entre 1656 y 1658 cuando libró una guerra contra Suecia.[41] Aunque se cedieron grandes

---

[40] "Guerra ruso-polaca". *Enciclopedia Británica*.

[41] Dupuy, Richard Ernest. *La enciclopedia Harper de historia militar*. 1993.

territorios a Rusia como resultado de la guerra polaca, Suecia permaneció fuera de su alcance.

En 1669, la esposa de Alexis, María Ilyinichna Miloslavskaya, murió poco después de dar a luz a su decimotercer hijo.[42] Lamentablemente, el niño también murió. Poco después, el hijo mayor de la pareja, quien llevaba el nombre de su padre, también murió, lo que dejó al zar con solo dos hijos para heredar su reino, ambos con discapacidades físicas o mentales. Angustiado, el zar Alexis asistió a otra exhibición de novias y eligió una nueva esposa inmediatamente, casándose con ella el 1 de febrero de 1671.[43] La nueva zarina, Natalia Kirillovna Naryshkina, dio a luz a un hijo llamado Pedro el 9 de junio de 1672.[44]

Apenas cinco años después de casarse con su segunda esposa, el Zar Alexis I sufrió un ataque al corazón y murió a la edad de cuarenta y seis años.[45] Fue enterrado en el Kremlin, dentro de la catedral del Arcángel Miguel.

---

[42] Dowling, Timothy C. *Rusia en la guerra*. 2014.

[43] Flantzer, Susan. "Natalya Kirillovna Naryshkina, Tsaritsa of all Russia".

[44] Dowling, Timothy C. *Rusia en la guerra*. 2014.

[45] Ibíd.

Capítulo 4 – Los hijos de Alexis

El hijo mayor del zar Alexis que sobrevivió fue Fiódor, quien tenía solo 15 años cuando murió su padre. Fiódor fue coronado Zar de toda Rusia a pesar de ser menor de edad y sería conocido como Teodoro III. Su tío, Iván B. Miloslavsky, se encargó de los aspectos más complicados del trabajo.

Teodoro III

Tal como sucedía con su hermano menor Iván, la salud física del zar Teodoro III era bastante deficiente. Sin embargo, en lo que respecta a su educación, el zar había sido muy bien instruido en varios temas, incluyendo la Iglesia ortodoxa rusa, teología, latín y polaco. Fue gracias al tutor de Teodoro III y sus hermanos, el monje Simeón Polotsky, que el joven zar tuvo una excelente educación. Polotsky fue un poeta, dramaturgo, traductor y teólogo que les introdujo la cultura occidental y la eslava oriental a los niños de la realeza. No pasó mucho tiempo antes de que el joven zar, lleno de ideas, reemplazara el consejo de su tío por el de dos aristócratas con una educación y visión del mundo similares a las suyas. Iván Maksimovich Yazykov y Alexei Timofeievich Lijachev trabajaron junto con el zar Fiódor para introducir nuevas costumbres culturales y religiosas en Rusia. Aunque el mismo Teodoro era muy devoto, apoyó las reformas gubernamentales que centralizaban aún más el Estado ruso y disminuían la influencia de la Iglesia en los asuntos de Estado.

El zar y sus consejeros admiraban mucho la cultura polaca, aunque para las generaciones más antiguas como la de Miloslavsky, Polonia seguía siendo considerada principalmente como un rival político y territorial. Además, era una molestia tanto para el clero como para los feligreses que el zar quisiera implementar algunos de los principios del catolicismo romano en la Iglesia rusa, especialmente después del Raskol. Para entonces, las facciones de los viejos creyentes y los seguidores de la nueva ortodoxia rusa estaban claramente definidas, aunque los responsables de legitimar los cambios habían sido despedidos del poder o ejecutados.

No obstante, el zar Teodoro III siguió adelante con la modernización de su país, la cual también fue considerada en gran medida como occidentalización. Fue el primer zar en vestirse con ropa occidental y afeitarse la barba. A la edad de dieciocho años, el zar siguió la sugerencia de sus consejeros y decidió casarse con la hija de una familia noble, Agafia Semenovna. Al zar le agradaba mucho Semenovna porque había sido educada de manera occidental y hablaba polaco, francés, latín y ruso.

Desafortunadamente para el zar, su interés amoroso vivía con un tío que no quería que se casara. Así que se organizó una exhibición de novias con el pretexto de que el zar debía conocer a todas las chicas solteras disponibles para que él pudiera elegir. Él eligió a Semenovna, y según la tradición, había poco que el tío de la muchacha pudiera hacer para negar la unión. Los dos se casaron el 18 de julio de 1680 en la catedral de la Asunción en el Kremlin.[46] Tristemente, Agafia Semenovna murió tres días después de dar a luz a su hijo el 11 de julio de 1681.[47] El bebé murió una semana después.

---

[46] "Teodoro III Zar de toda Rusia". *Realeza no oficial.*

[47] Ibíd.

Al año siguiente, el zar se casó con Marfa Matveyevna Apraksin, pero menos de tres meses después de la boda, el 7 de mayo de 1682, Teodoro III murió.[48] Tenía tan solo veinte años y no dejó descendencia ni había hecho una declaración legal sobre su sucesión.

La segunda esposa de Teodoro, Marfa, pasó el resto de su vida como una viuda soltera. Cultivó una excelente relación con el zar Pedro I, quien se aseguró de que su cuñada recibiera una pensión de por vida. Marfa vivió en Moscú por un tiempo antes de mudarse a su propio palacio en San Petersburgo. Murió en esa ciudad el 11 de enero de 1716 y fue enterrada en la catedral de San Pedro y San Pablo ubicada en la fortaleza de San Pedro y San Pablo.[49]

Iván V

La muerte del zar Teodoro III causó una lucha desesperada por el poder entre las familias Miloslavsky y Naryshkin. Durante el reinado de Teodoro, sus parientes matrilineales, los Miloslavsky, habían puesto mano dura en el gobierno ruso. Cuando el joven Iván Alekseyevich se convirtió en el heredero del reino de su hermano en 1682, tenía solo dieciséis años y se le consideraba inelegible para gobernar debido a sus problemas de aprendizaje y a su mala salud física.[50] Los Miloslavskys, sin embargo, querían que fuera coronado independientemente de su salud porque compartía la misma madre que Teodoro. El hijo más joven que quedaba de Alexis I era el medio hermano de Iván, Pedro, que tenía solo diez años en el momento de su ascenso al poder en 1682.[51] La madre de Pedro era una Naryshkin, así que cuando los oficiales votaron por Pedro para que tomara el

---

[48] Ibíd.

[49] "Esposas del zar Feodor III de Rusia". *Realeza no oficial*.

[50] "Iván V". *Enciclopedia Británica*.

[51] "Pedro I Emperador de Rusia". *Enciclopedia Británica*.

lugar de Teodoro, los Miloslavskys se amotinaron con la ayuda de los Streltsí (los guardaespaldas del monarca). Exigieron que ambos muchachos se convirtieran en co-gobernantes del reino, bajo la supervisión de sus familias, por supuesto. Este evento fue conocido como el levantamiento de los Streltsí de Moscú.

Sofía Alekseyevna, de veinticinco años, hermana de los dos chicos e hija del zar Alexis y de su primera esposa, María Miloslavskaya, propuso un compromiso en el que se daba a los dos chicos el co-gobierno del reino. El resultado fue una doble coronación, con un trono de dos asientos que se diseñó de forma especial en madera y plata labrada. Sofía Alekseyevna fue designada como regente de los dos jóvenes zares.[52]

Mientras el país esperaba que los zares Iván y Pedro crecieran, su hermana trabajó con el príncipe ruso Vasili Golitsin para dispersar a los Streltsí e implementar estrategias para industrializar el reino. Aunque fueron los Streltsí los que ayudaron a Sofía a poner a su hermano Iván en el trono y así tomar el poder para sí misma, ella temía que los guardaespaldas del rey cambiaran de opinión y la destituyeran. Para evitar que esto sucediera, reubicó a la mayoría de los soldados a puestos fuera de Moscú. Esto fue probablemente por consejo de Golitsin, ya que se cree que los dos tenían una relación romántica. De hecho, Sofía prefería el consejo de Golitsin por encima del de sus propios consejeros políticos e ignoró lo que ellos sugerían en lo relacionado a muchas políticas.

En cuanto a Iván V, observó las costumbres regulares de un monarca ruso, incluyendo la tradicional elección de una esposa en una exhibición de novias. En 1683 o 1684, se decidió que Praskovia Saltykova sería un buen partido para Iván, por lo que ambos se casaron. Aunque no está claro si Iván o su hermana Sofía eligieron a Praskovia como esposa del zar, el desfile y el matrimonio fueron casi

---

[52] "Sofía regente de Rusia". *Enciclopedia Británica*.

seguro obra de Sofía.[53] Como sabía que su hermano nunca sería el verdadero gobernante de Rusia, ella habría tratado de evitar que Pedro o su futura descendencia tomaran el trono arreglando que Iván tuviera hijos propios. Saltykova demostró ser una excelente esposa para el zar con problemas mentales, ya que se convirtió en su constante compañera y su mayor defensora. En 1689, los dos tuvieron a su primera hija, María Ivanovna.[54]

Alarmada por el hecho de que Iván había empezado a tener hijos, la madre de Pedro, Natalia Naryshkina, rápidamente arregló que su hijo se casara con Eudoxia Lopukhina ese mismo año. Aunque no fue un matrimonio feliz, Eudoxia tuvo tres hijos con el zar: Alexis Petrovich, Alexander Petrovich, y Pavel Petrovich. Alexis fue el único que sobrevivió hasta la edad adulta.

Los asesores de la regente declararon su intención de continuar la guerra de Rusia con Polonia, pero Sofía y Golitsin decidieron seguir adelante con un tratado de paz formal. El tratado, firmado en 1686, fue diseñado para cultivar un estado permanente de paz entre las naciones en lugar de ser una mera pausa pacífica.[55] Con la declaración, Rusia recibió la ciudad de Kiev y el distrito de Zaporizhia, y a cambio, Rusia prometió trabajar con Polonia y otras potencias europeas en la guerra contra el Imperio otomano invasor.

Para cumplir su parte del trato, Sofía preparó a Rusia para las campañas militares contra los tártaros de Crimea, quienes eran vasallos de los otomanos. Estas campañas tuvieron lugar entre 1687 y 1689, pero no tuvieron éxito.[56] Debido a estos fracasos militares y al continuo descontento de los hambrientos campesinos y los disidentes

---

[53] Flantzer, Susan. "Praskovia Feodorovna Saltykova, zarina de toda Rusia". *Realeza no oficial.* Web.

[54] Ibíd.

[55] Ibíd.

[56] "Sofía regente de Rusia". *Enciclopedia Británica.*

religiosos, la gestión del reino por parte de Sofía y Golitsin no fue popular. Cuando Sofía negoció el Tratado de Nerchinsk con China en 1689, los Naryshkins conspiraron para quitarla del cargo. Y así como Sofía y los funcionarios chinos hicieron un acuerdo para tener su frontera mutua a lo largo del río Amur, el complot para deponer a la regente se llevó a cabo.

Al darse cuenta de que su destino era incierto, Sofía recurrió una vez más a los Streltsí, pero esta vez, la mayoría de ellos estuvo a favor de Pedro. Con el consentimiento del mismo Pedro, los Streltsí ayudaron a destituir a Sofía. Después de ser depuesta, la enviaron al convento de Novodévichi en Moscú en septiembre de 1689.[57]

El zar Iván V había sido reconocido oficialmente como el zar mayor en la doble coronación y, por lo tanto, era una amenaza potencial contra los Naryshkins. Sin embargo, Iván y Pedro se llevaban bien, por lo que hubo poca resistencia cuando los Naryshkins enfocaron sus energías en Pedro, seleccionándolo efectivamente como el más poderoso de los hermanos. Por su parte, Pedro, de diecisiete años, no mostró ninguna hostilidad hacia su medio hermano de veintitrés años e Iván fue recibido como cualquier otro miembro superior de la familia real.

Iván V conservó su título de zar mayor, pero no asistió a las reuniones del gobierno ni tuvo nada que ver con la administración de Rusia. En su lugar, el apacible joven prefirió pasar su tiempo dedicándose a la Iglesia. Iván rezaba constantemente y realizaba ayunos religiosos con regularidad. También pasaba tiempo como peregrino religioso, haciendo su camino a los lugares sagrados. Él y Praskovia Saltykova tuvieron un total de cinco hijos, todas niñas. Tres de esas hijas, Ekaterina Ivanova, Ana Ivanovna y Praskovia Ivanovna, sobrevivieron hasta la edad adulta.

---

[57] Ibíd.

La salud física de Iván V se deterioró durante la adultez, y para cuando el zar tenía veintisiete años, estaba paralizado y casi ciego. También se informó de que estaba senil. El 8 de febrero de 1696, Iván V murió a la edad de 29 años.[58]

---

[58] Flantzer, Susan. "Praskovia Feodorovna Saltykova, zarina de toda Rusia". *Realeza no oficial*. Web.

Capítulo 5 – Pedro el Grande

Ilustración II: Una estatua ecuestre de Pedro el Grande

Como no había precedentes de que las hijas heredaran las obligaciones reales en Rusia, las hijas de Iván no tenían derecho al trono de su padre. Por lo tanto, Pedro se convirtió en el único zar de Rusia cuando medio hermano falleció. Esto no fue satisfactorio para todas las facciones, y en 1698, hubo un breve e infructuoso levantamiento de los Streltsí, que querían ver a Sofía Alekseyevna en el poder una vez más.[59] Sofía denunció personalmente el levantamiento y afirmó no tener nada que ver con él; sin embargo, fue juzgada en un tribunal en octubre del mismo año y obligada a convertirse en monja.

El reinado de Pedro comienza con toda seriedad

La viuda de Iván se mudó con sus hijos a las afueras de Moscú a la finca Izmailovo, la cual originalmente era propiedad del zar Alexis I. Praskovia también tenía la compañía de su mayordomo, Vassili Alexeievich Yushkov, con quien estableció una relación romántica. El zar Pedro I era plenamente consciente de la relación y aceptó la presencia de Yushkov en la casa de su cuñada.

Pedro no había tenido la suficiente educación formal que se espera de un niño de la realeza, ya que la atención de su hermana se había centrado en Iván. Esto no quiere decir, sin embargo, que Pedro no tuviese educación alguna. Como era libre de perseguir sus propios intereses, Pedro se hizo amigo de la gente de la colonia alemana cerca de Preobrazhenskoye y desarrolló una afición por las culturas extranjeras. Se le permitió aprender sobre aquello que le pareciera atractivo y se interesó mucho por la carpintería, la navegación, las matemáticas y las prácticas militares.

Sin embargo, esta educación integral no fue la única influencia importante que moldeó la perspectiva de Pedro. En 1697, se embarcó

---

[59] "Sofía Regente de Rusia". *Enciclopedia Británica*.

en una visita de dieciocho meses a Europa que cambió para siempre tanto a Pedro como a su país. Fue su primer viaje al mundo occidental, y durante su estancia en las ciudades de Londres y Ámsterdam, el zar descubrió un profundo amor por las culturas que encontró allí. Cuando regresó a Moscú en septiembre de 1698, Pedro abandonó el estilo ruso y se cortó la barba para abrazar el estilo de los europeos. Creyendo que esto señalaba la entrada de su imperio en la era moderna, Pedro insistió en que sus amigos y colegas también se cortaran la barba y llegó incluso a instaurar un impuesto sobre la barba para forzar el cumplimiento de este nuevo estilo. Como muchos aún creían que la barba era un requisito religioso, hubo resistencia, pero las multas y la humillación pública de ser afeitado por la policía fueron efectivas.

Inspirado por la ciudad de los canales de Ámsterdam, Pedro decidió fundar una nueva ciudad en Rusia que siguiera el mismo diseño básico. Lo hizo en 1707 con la fundación de San Petersburgo.[60] El primer edificio a gran escala en la nueva ciudad fue la Fortaleza de San Pedro y San Pablo, diseñada por el arquitecto suizo-italiano Domenico Trezzini. El zar Pedro estuvo muy involucrado en la planificación y construcción de la ciudad y llevó entre 20.000 y 30.000 trabajadores para hacer su sueño realidad. Se decía que San Petersburgo era una ventana o puerta a Europa.[61] Una parte de los residentes de cada provincia rusa se trasladaron a la nueva ciudad, y para 1725, ya había 40.000 personas viviendo allí.[62] El mismo Pedro junto a toda su corte se trasladaron en 1713 y el zar llamó a la ciudad su "paraíso".[63] Sin ningún decreto oficial, San Petersburgo reemplazó a Moscú como la capital del zarato de Rusia.

---

[60] "Una breve historia de San Petersburgo". *The Moscow Times*. Junio de 2018.

[61] Ibíd.

[62] Ibíd.

[63] Ibíd.

En busca de los mares

El reinado del zar Pedro I fue el primero en muchos años en el que un zar tuvo un control real sobre su gobierno, y en efecto, había muchas cosas que Pedro quería lograr. Había heredado la nación más grande del mundo, que se extendía desde la moderna Ucrania hasta el mar de Bering y descendía hacia China. Sin embargo, seguía siendo un país sin litoral en muchos sentidos, ya que su único acceso al comercio de alto volumen era a través del mar Blanco en el noroeste. Pedro quería acceder al mar Negro, al mar Báltico y al mar Caspio, tanto por razones comerciales como de estrategia militar.

A principios del siglo XVII, el mar Báltico estaba controlado por Suecia. Los mares Negro y Caspio estaban controlados por el Imperio otomano y el Imperio safávida. En virtud del tratado de paz polaco-lituano que su hermana había supervisado, el zar Pedro tenía el deber con su aliado de ir a la guerra contra el Imperio otomano, por lo que dirigió cuidadosamente sus ataques a la fortaleza otomana de Azov. Allí esperaba no solo derrotar a los otomanos sino también tomar la fortaleza para sí mismo y beneficiarse de su ubicación ideal en el río Don, de 1.870 kilómetros. El río Don conectaba con el mar de Azov y desde ahí con el mar Negro.[64]

Pedro se dio cuenta de que Rusia necesitaría una marina si quería tener éxito en Azov. En 1969, regresó a Azov con treinta nuevos barcos y fue capaz de capturar la ciudad.[65]

Al frente de una coalición formada por hombres de Dinamarca y Noruega bajo el mando de Federico IV y de Sajonia-Polonia-Lituania bajo el mando Augusto II el Fuerte, Pedro I comprometió a su ejército en la Gran Guerra del Norte contra Suecia, que tuvo lugar

---

[64] "Pedro I", *Enciclopedia Británica*. Web.

[65] Anisimov, E., Alexander, J.T. *Las reformas de Pedro el Grande: El progreso a través de la violencia en Rusia*. 2015.

entre 1700 y 1721.[66] Suecia, bajo el liderazgo del rey Gustavo Vasa I (monarca entre 1523 y 1560) y los hijos que le sucedieron, se había convertido en un destacado imperio europeo con tierras tan lejanas como América del Norte. Dentro de Europa, el país gobernó sobre la actual Suecia, Finlandia y varios principados que limitaban con el mar Báltico. Los tratados de paz hechos en 1648 y 1658 con Westfalia y Dinamarca transformaron el creciente Imperio sueco en una nación poderosa e influyente.[67] Fue la invasión sueca del Báltico lo que la llevó a competir con vecinos poderosos, incluyendo Rusia.

Con la sucesión del rey Carlos XII, de quince años de edad, al trono de Suecia en 1697, Pedro y sus aliados creyeron que era un momento oportuno para ir a la guerra contra el floreciente imperio, una guerra que duraría más de dos décadas y ocuparía el ejército de Pedro durante gran parte de su reinado.[68]

La Gran Guerra del Norte

La guerra comenzó en 1700 y Federico IV fue rápidamente conquistado por el imperio sueco defensor. El mismo Pedro sufrió su primera derrota en esta guerra durante el mismo año cuando la batalla de Narva salió terriblemente mal el 29 de noviembre de 1700. Preparándose para la guerra, los soldados rusos habían intentado construir fortificaciones de forma apresurada alrededor de la ciudad de Narva, situada en la actual Estonia. Fue una situación difícil: un otoño húmedo y helado había convertido el paisaje circundante en una gigantesca y resbaladiza masa de barro, y los 40.000 soldados rusos fueron incapaces de preparar la ciudad a tiempo.

Diez mil suecos llegaron bajo el mando Carlos XII, y lo que al joven gobernante le faltaba de experiencia, lo compensó con una

---

[66] "La Gran Guerra del Norte". *History learning site.* Web.

[67] "La Gran Guerra del Norte". *History learning site.* Web.

[68] "Carlos XII rey de Suecia". *Enciclopedia Británica.*

feroz determinación. Su ejército se dirigió a Narva con una fuerza y violencia inesperadas, y a pesar de ser superados cuatro a uno, sus hombres hicieron que los rusos se retiraran casi inmediatamente. Abandonaron Narva con el rabo entre las piernas y dejaron su valiosa artillería en manos de Carlos. La ciudad estaba condenada.

La mayoría de los hombres se habrían acobardado por esta estrepitosa derrota, sobre todo si se consideraba lo mucho que los suecos eran superados en número, pero el efecto sobre Pedro el Grande, de 28 años, fue exactamente el contrario. Más tarde llamaría a la batalla de Narva una bendición disfrazada, diciendo que había sido "vigorizado" por la derrota. Haber tomado un sorbo de esa copa amarga le había hecho decidir que no quería volver a beber de ella.

Carlos XII, considerando que Pedro quizás era una amenaza menor de lo que esperaba, decidió dejar a los rusos en paz y se volvió contra Augusto el Fuerte. Este gobernante, un gran y poderoso hombre que estaba a la altura de su nombre, no solo era fuerte en lo que respecta a su capacidad física, sino que también tenía un poderoso ejército detrás de él. Sin embargo, ni siquiera él podía mantenerse fuerte contra Carlos. Se produjo una amarga y sangrienta guerra entre ellos, con probabilidades que se elevaron cada vez más a favor de Carlos.

Sin embargo, mientras la guerra entre Carlos y Augusto se desarrollaba, Pedro no estaba ocioso. Empezó a modernizar uno de los activos más importantes de Rusia: su ejército. Mientras convertía a sus soldados en un ejército verdaderamente profesional, algo que hasta entonces era más o menos inaudito en Rusia salvo por la siempre rebelde Streltsí, Pedro también comenzó a construir la primera armada de Rusia. Construyó varios buques de guerra que resultaron ser lo suficientemente formidables como para enfrentarse a los suecos, quienes tenían experiencia en la guerra naval desde la época de los vikingos. La primera victoria naval de Rusia contra ellos se dio en 1703.[69]

Para 1704, el ejército ruso era irreconocible, y Pedro sabía que había llegado el momento de vengarse. Él personalmente lideró su ejército contra los suecos que aún ocupaban Narva y consiguió una victoria impresionante que le permitió recuperar la ciudad y devolverle su legítimo estatus como parte del reino de Rusia.

No obstante, la guerra no había terminado. Tan solo dos años después, Augusto el Fuerte cayó, ya que su fuerza fue incapaz de salvarlo de los implacables avances suecos. Eso dejó a Carlos XII a cargo de Polonia. En septiembre de 1706, Augusto II fue destituido y reemplazado por Estanislao I, la elección sueca para convertirse en el nuevo rey polaco. Además, el ejército sueco pasó el invierno en Sajonia. El zar Pedro I fue el único que siguió adelante con la guerra, decidido a acceder al mar Báltico.

Con un solo enemigo pendiente por derrotar, Carlos, que ahora estaba madurando para convertirse en un poderoso gobernante, dirigió su atención a Rusia. Invadió Ucrania, que se dividió rápidamente entre los que se aliaron con Carlos y los que deseaban mantener la independencia, y luego comenzó a abrirse camino hacia el río Vorskla. Esperaba seguir por la orilla hasta Moscú, ciudad que seguía siendo el corazón de Rusia y la sede del gobierno. Mientras avanzaba, arrasó con cualquier otra pequeña ciudad que se cruzara en su camino.[70]

Una de esas ciudades era Poltava. Situada en muchas de las principales rutas comerciales de Ucrania y la región del Don, cerca de la frontera rusa, Poltava no era una gran ciudad en sí misma, pero tenía una enorme importancia estratégica. En ese momento, estaba bajo control ruso. Su guarnición de 7.000 soldados estaba comandada

---

[69] "La batalla de Narva", *History today*. Web.

[70] "Poltava, batalla de". *Enciclopedia de internet de Ucrania.* Web.

por un general ruso leal a Pedro. Carlos avanzaba con alrededor de 30.000 suecos, polacos y cosacos, y Pedro sabía que era el momento de enfrentarse a él en una batalla abierta.

Pedro reunió un ejército tremendo de aproximadamente 102.000 soldados y se dirigió hacia Poltava. Desafortunadamente, no llegó allí antes de que Carlos hubiera atacado. El rey sueco atacó en mayo de 1709, y aunque la ciudad resistió, no pudo derrotarlo. Asedió Poltava y se atrincheró, listo para someter a la gente matándolos de hambre. Es posible que Carlos estuviera un poco confiado para ese momento. La pérdida de Narva no había sido un golpe particularmente grande para él. Esperaba que estos rusos fueran similares a los 40.000 cobardes que habían huido ante sus 10.000 soldados en 1700.

Pero los rusos habían cambiado. Nueve años de trabajo decidido de Pedro los había convertido en un ejército de clase mundial, y con su ágil inteligencia al mando, eran una fuerza que no se debía ignorar. Además, el ejército de Carlos no era lo que solía ser. Mientras Pedro entrenaba y mejoraba sus tropas, los hombres de Carlos habían estado luchando activamente durante años. También acababan de sobrevivir a un largo invierno en el norte y a menudo la principal defensa de los rusos era el brutal clima de la misma Rusia. No había muchos ejércitos que pudieran capear un invierno en Rusia sin ser debilitados.

Al llegar a Poltava, Pedro se puso en la ofensiva. Ideó personalmente un plan para mostrarle a Carlos que el ejército ruso había cambiado. Ordenó a sus ingenieros militares que construyeran una serie de reductos (fortificaciones temporales) a través del campo de batalla, lo que dividió el campo por completo e hizo imposible que Carlos lo atravesara con sus 30.000 hombres en un frente unido. En cambio, cuando los suecos atacaron, se vieron obligados a hacerlo en grupos fragmentados. Los rusos los derribaron uno por uno hasta que finalmente Carlos se vio obligado a rendirse y regresar a Ucrania. Así, Poltava fue liberada y Rusia estuvo a salvo del ataque sueco.

La Gran Guerra del Norte continuaría por otros doce años, pero a efectos prácticos, se había terminado en Poltava. La derrota fue tan decisiva que el Imperio sueco, que ya se había desmoronado como resultado de luchas internas, llegó a un humillante fin poco después. Pedro haría campaña contra los turcos en el norte de 1710 a 1713. A pesar de sufrir algunas derrotas, logró su objetivo en 1721 cuando se firmó el Tratado de Nystad. La costa este del Báltico fue cedida a Pedro, una hazaña que él consideró tan importante que cambió su propio título para celebrar. Ya no era simplemente un zar; ahora era un *imperador* o emperador. También tomó el título de "el Grande" durante esta ceremonia.[71]

Esto puso fin a la Gran Guerra del Norte, pero no a las campañas militares de Pedro. Como al fin había conseguido el Báltico, Pedro dirigió su atención a Persia, que para entonces era un territorio débil y en apuros que estaba bajo la amenaza de ser atacado y abrumado por el cada vez más grande Imperio otomano. A cambio de la ayuda de Pedro en la guerra, los persas le cedieron gran parte de la región del Caspio, extendiendo su territorio aún más en 1723.

Una vida familiar problemática

Pedro había demostrado ser un gobernante más que capaz, pero como padre y esposo, tenía dificultades muy humanas.

En 1689, cuando tenía dieciséis años y aún gobernaba como co-zar con Iván V, Pedro se casó con una joven llamada Eudoxia Lopukhina. Era una joven bien conectada y bien educada que los guardianes de Pedro esperaban que fuera una influencia estable y conservadora para el joven zar rebelde. Su familia era muy respetada y muy tradicional, y se esperaba que Eudoxia hiciera que Pedro se volviera más anticuado, como se suponía que debían ser los zares. En cambio, ocurrió justo lo contrario. Pedro y Eudoxia no se llevaban bien. Ella tenía la reputación de ser hermosa, pero carecía de la feroz

---

[71] "Pedro el Grande", *Biography.com*. Web.

inteligencia y el pensamiento creativo que caracterizaban la vida de su marido. Para empeorar las cosas, el Pedro de 16 años quizás no era lo suficientemente maduro para la vida de casado. Prefería pasar el tiempo bebiendo y de juerga.

A pesar de que Eudoxia le dio tres hijos, dos de los cuales murieron jóvenes, su matrimonio estuvo condenado desde el principio. Se toleraron el uno al otro durante nueve años, solo porque Pedro casi nunca estaba en casa con su familia, lo que permitió a Eudoxia apoyar a sus enemigos a sus espaldas. En 1698, dos años después de que Pedro se convirtiera en el único zar de Rusia, ya no podía soportarlo. Ordenó que Eudoxia se volviera monja y la envió a un convento.

Fue al convento, pero de ninguna manera tomó el humilde hábito de una monja. En cambio, Eudoxia se deleitó con un estilo de vida cortesano e incluso entretuvo a una serie de amantes masculinos. Estaba decidida a volver a la política sin importar lo que su ex-marido quisiera. Alexis, de ocho años, fue enviado a vivir con sus tías.

Una de las razones por las que Pedro finalmente envió a Eudoxia al convento fue una hermosa mujer alemana llamada Ana Mons. Ana tenía la reputación de ser una especie de cazafortunas que cultivaba una relación tras otra con los rusos ricos y poderosos que vivían alrededor de su casa en el barrio alemán de Moscú. Ella era una don nadie de clase baja: la hija de un comerciante de vino y dueño de un hotel.

Pedro debió estar al tanto de que el objetivo de Ana era ganar dinero y poder con sus encantos seductores, pero de todas maneras se enamoró perdidamente de ella. Le proporcionó todo lo que pudo haber querido, incluyendo una enorme y lujosa mansión, y atendió todas sus necesidades usando las arcas reales de su dominio. Su casa estaba llena de hermosos tesoros del zar, incluyendo un retrato de Pedro hecho enteramente de diamantes. Incluso estaba decidido a hacerla su zarina después de enviar a Eudoxia al convento, pero, afortunadamente, esto nunca se materializó. Antes de que Pedro pudiera casarse con Ana, descubrió que, aunque podía haber sido el zar de toda Rusia, no era el único gobernante del corazón de Ana. Ella le había sido infiel.

Desconsolado, Pedro puso a Ana bajo arresto domiciliario y confiscó su mansión, pero esto no fue suficiente para lograr acabar con los intentos de la alemana emprendedora de seducir a los ricos y poderosos. Un enviado prusiano estaba tan profundamente enamorado de Ana que él también intentó casarse con ella, pero el celoso Pedro pronto puso fin a eso, a pesar de que ya no era uno de los amantes de Ana. El enviado murió poco después, y la oportunista Ana se apresuró a demandar por sus pertenencias, a pesar de que no tenía ningún derecho legal sobre ellas.

Mientras tanto, se estaban gestando problemas más grandes para Pedro en su vida familiar. Su hijo Alexis, quien creció con sus tías, no se libró de la influencia de su madre, y no era un secreto que ella era enemiga de Pedro. El niño creció escuchando sobre los defectos e insuficiencias de su padre. El hecho de que casi nunca se veían tampoco ayudó a mejorar la opinión que tenía de su él. Pedro estaba demasiado ocupado expandiendo su imperio y persiguiendo a Ana Mons como para pasar tiempo con su joven hijo y heredero.

Sin embargo, cuando Alexis entró en la adolescencia, Pedro finalmente decidió que había llegado el momento de prestarle algún tipo de atención al chico. Decidió darle a Alexis una posición en el ejército. No le dio un muy codiciado rango de oficial, un puesto que muchos otros zares darían a sus hijos. En su lugar, Alexis estaba a cargo de la logística mundana y el reclutamiento. Parece que fue bastante mediocre en esta tarea, por lo que Pedro le encontró una esposa para ayudarlo a sentar cabeza. En 1711, Alexis se casó con una princesa alemana llamada Charlotte, quien soportaría una triste y solitaria existencia durante cuatro años, ya que solo veía a su marido de vez en cuando, pues, según ella, Alexis bebía incesantemente. Charlotte moriría por complicaciones en el parto en 1715. Ni el matrimonio ni el ejército tuvieron el efecto que Pedro pretendía. De hecho, la relación de Alexis con su padre se deterioró bruscamente.[72]

Después de renunciar a Ana Mons, Pedro encontró un nuevo interés amoroso en una sirvienta y prisionera alemana. Marta Skavronskaya era una mujer mantenida cuando Pedro la conoció en la casa de uno de sus poderosos socios. Pronto se convirtió en la amante de Pedro, voluntaria o involuntariamente, y la envió a vivir con su familia. Eventualmente, fue bautizada en la Iglesia ortodoxa rusa y se le dio un nuevo nombre, uno que resonaría a través de siglos de historia a pesar de sus ignominiosos orígenes: Catalina.

En 1712, Pedro había tomado la decisión de casarse con su nueva amante y, en efecto, lo hizo sin demora. Alexis, sin embargo, se negó a asistir a la boda y dijo que estaba enfermo para excusar su ausencia. En realidad, Alexis no estaba tan enfermo como esperaba que su padre creyera. A veces incluso se lastimaba para evitar asistir a los eventos con su padre. Estaba claro que su relación era desastrosa, ya que a él lo aterrorizaba su padre, cosa que solo alimentaba el odio de Alexis hacia él.

En 1715, las cosas llegaron a un punto crítico. Pedro se dio cuenta de que, por mucho que le disgustara el joven, de alguna manera tendría que preparar a Alexis para gobernar, o todo el duro trabajo de Pedro sería en vano. Escribió una carta mordaz a su hijo en la que se lamentaba porque el pasado estaría lleno de sus grandes obras, pero el futuro de Rusia era sombrío gracias al rechazo de Alexis por volverse "capaz de gobernar bien".[73] Añadió que Alexis no tenía ninguna excusa, ni siquiera su débil constitución física, y le instó a dedicarse a aprender el arte de la guerra. Pedro incluso pareció haber moderado su ambición un poco para hacer entrar en razón a su hijo pues insinuó que no tenía expectativas de que Alexis expandiera el imperio, solo que lo defendiera.

---

[72] "Por qué Pedro el Grande torturó y mató a su propio hijo", *History.com*. Web.

[73] De las CARTAS DE PEDRO EL GRANDE Y SU HIJO ALEXIS 1715.

Parece que la carta fue el intento de Pedro de moldear a su hijo en un gobernante que le sucedería. Sin embargo, la carta tuvo el efecto contrario.

Alexis redactó su respuesta después del funeral de Charlotte a finales de octubre de 1715 y sus palabras fueron impactantes. Le dijo a su padre que no tenía nada que decirle, excepto que deseaba que Pedro le quitara completamente su derecho al trono. "Te lo ruego", escribió, casi rogándole a su padre que le quitara de encima el peso de la nación, diciendo que su mente y su memoria no eran lo suficientemente fuertes para gobernar. "No deseo nada de ti, salvo una mera manutención durante mi vida", escribió, "dejando el monto a tu consideración y a tu voluntad".[74]

Charlotte había dado a luz a un hijo llamado Pedro poco antes de que se escribiera la carta. Unas semanas después, murió debido a complicaciones en parto. Alexis ya tenía una relación con una amante y esperaba que se le permitiera alejarse después de dejar claro a su padre que no tenía interés en la corona rusa. Pedro estuvo de acuerdo con esto, pero solo si Alexis ingresaba a un monasterio.

En su lugar, Alexis y su amante huyeron de Rusia en 1716, lo que enfureció a Pedro. En 1717, los agentes de Pedro encontraron a Alexis en Austria y le entregaron una carta de su padre que prometía que no sería castigado si volvía a Rusia. Sin embargo, la promesa era falsa, y bajo las órdenes de su padre, Alexis fue encarcelado y torturado cuando llegó a Rusia. Murió el 7 de julio de 1718, y a pesar de la tortura y los malos tratos que recibió, su muerte fue catalogada como natural, aunque lo más probable es que muriera por sus heridas después de haber recibido un brutal azote.[75]

---

[74] De las CARTAS DE PEDRO EL GRANDE Y SU HIJO ALEXIS 1715.

[75] Miles, J. *San Petersburgo: Tres siglos de deseo asesino*. 2017.

Últimos años

Como resultado del funesto fracaso de la relación con su hijo, Pedro cambió las leyes de sucesión en 1722 para poder elegir quién se convertiría en zar cuando muriera.[76] Al mismo tiempo, decidió acabar con el terror que los boyardos habían estado causando a la familia real y al pueblo ruso. Como la precedencia había sido tradicionalmente establecida por derecho de nacimiento, Pedro eliminó el poder de los boyardos incompetentes de un solo golpe al crear la "Tabla de Rangos". Bajo este nuevo orden de precedencia, los boyardos tenían que ganarse su rango.

Ese mismo año, Pedro lanzó una campaña en Persia. Catalina lo acompañaría en este agotador viaje a través de un paisaje implacable, uno que finalmente le daría acceso al mar Caspio, pero que también le costaría su salud. Mientras hacía campaña en el invierno de 1723, la salud de Pedro comenzó a deteriorarse significativamente. Tenía infecciones periódicas de la vejiga que también ocasionalmente le provocaban bloqueos agónicos. Al año siguiente, tuvo que ser operado de la vejiga para liberar una gran cantidad de orina bloqueada. Fue el principio del fin para el gran emperador.

La leyenda dice que su sentencia de muerte fue el resultado de un acto heroico en el invierno de 1724. Ese noviembre, pasó un tiempo en el golfo de Finlandia, inspeccionando algunas fábricas de hierro. Los gritos de ayuda llegaron a sus oídos desde el frío mar gris, y cuando miró a través de esas olas agitadas, vio las formas tambaleantes de los soldados que se ahogaban. A pesar de su mala salud, Pedro saltó al agua fría para ir a rescatarlos.

Este relato solo ha sido detallado por un historiador alemán, por lo que su legitimidad ha sido cuestionada. De cualquier manera, Pedro ya estaba en los últimos meses de su vida. Su vejiga se volvió

---

[76] Ibíd.

gangrenosa y finalmente lo mató el 8 de febrero de 1725.[77] Fue enterrado en San Petersburgo, la gran ciudad que había construido, donde sus restos descansan hasta el día hoy.

---

[77] Petrucelli, A.W., Curiosidad Mórbida: La perturbadora desaparición de los famosos y los infames. 2009.

Capítulo 6 – La primera emperatriz

Con Alexis muerto por obra de Pedro, el futuro de Rusia habría sido terriblemente incierto si el emperador no hubiera cambiado sus leyes para nombrar a su propio sucesor. Catalina le había dado cinco hijos, tres de los cuales decidió llamar "Pedro" con esperanzas, pero ninguno de ellos vivió más de unos pocos meses. Solo dos de sus hijas por parte de Catalina seguían vivas en el momento de la muerte de Alexis. Eso significaba que, inevitablemente, el Imperio Ruso tendría que ser gobernado por alguien que no fuera de la familia real o, tal vez aún más inimaginable, por una mujer. Para sorpresa del mundo, Pedro parecía haber decidido que esta última era la opción más favorable, aunque era una época en la que las mujeres reales eran consideradas a menudo como poco más que máquinas productoras de herederos.

En 1724, hizo que su esposa fuera coronada emperatriz Catalina, aunque, en la práctica, siguió siendo el único gobernante de Rusia. Estaba claro que deseaba que ella tuviera su trono, pero las complicaciones políticas, sin mencionar el sexismo, hicieron que su sucesión fuera muy difícil.

La juventud de Catalina I

Nacida bajo el nombre de Marta Skavronskaya en 1684, la esposa de Pedro el Grande provenía de la más improbable de las crianzas. Creció en la actual Letonia y sus padres, que eran dos campesinos analfabetos, murieron ambos por la peste cuando Marta tenía tres años. Huérfana y sola, Marta podría haber sufrido el mismo destino si no fuera por la amabilidad, o tal vez el oportunismo, de un pastor luterano local. El pastor la crio, pero no como su propia hija sino como una sirvienta no remunerada en su casa.

Sin embargo, fregar los pisos y lavar la ropa era mejor que morirse de hambre, por lo que Marta permaneció con la familia durante toda su adolescencia. Para consternación de la esposa del pastor, la niña comenzó a convertirse en una joven increíblemente hermosa. Su llamativa apariencia atrajo la atención del hijo del pastor, y quizás para evitar cualquier escándalo entre ellos, animó a Marta a que buscara esposo.

Sucumbió a los encantos de un apuesto militar llamado Johan Cruse, un sueco y un dragón del mismo ejército que se enfrentaba a Rusia durante la Gran Guerra del Norte, que había estallado en 1700. A los diecisiete años, a Marta le podría haber ido peor de no casarse con un joven soldado. Sin embargo, su unión no duró mucho tiempo. La pareja llevaba casada solo unos meses, meses en los que Marta apenas pudo ver a Johan, cuando la ciudad en la que vivían fue invadida por los rusos. Marienburg cayó el 24 de agosto de 1702 y los ciudadanos fueron capturados por Rusia, incluyendo al pastor que había criado a Marta y a la propia Marta. El pastor fue enviado a Moscú para trabajar como traductor. No hay registro de lo que le pasó a Johan.[78]

Así, Marta se encontró siendo enviada a Moscú, no tanto como prisionera de guerra sino como parte del botín de guerra. Fue usada

---

[78] "Rusos prominentes: Catalina I". *Russiapedia*. Web.

como "sirvienta", aunque es probable que más bien fuera una esclava, en la lavandería de uno de los oficiales rusos. Es difícil imaginar lo extraño y horrible que debe haber sido para Marta encontrarse entre completos extraños, realizando horas de trabajo húmedo y pesado bajo la mirada desaprobadora de los enemigos que le habían arrebatado a su joven marido. Era solo una adolescente, pero había soportado mucho, y uno solo puede imaginar los terrores a los que una hermosa e indefensa joven habría sido sometida en un campamento del ejército.

Finalmente, los soldados rusos de alto rango notaron su belleza, y Marta fue arrastrada a un destino que puede haber implicado más comodidad material, pero que posiblemente fue incluso peor que la lavandería. Se convirtió en una especie de moneda humana, poco más que una prostituta que iba por aquí y por allá en manos de hombres poderosos que tenían el hábito de entregarla de unos a otros a cambio de alianzas o favores. Finalmente terminó con el conde Aleksandr Menshikov, uno de los consejeros de Pedro.[79] Menshikov se sintió muy atraído por la chica y parece que la trató bien, ya que Marta siguió siendo su amiga durante el resto de su vida.

Pero ella no se quedaría en su casa para siempre. En agosto de 1705, Marta se encontraría con un hombre poderoso que se convertiría en el amor de su vida. Pedro estaba en la casa de Menshikov cuando la vio. Todavía estaba dolido por la pérdida de Ana Mons, y el bello rostro de Marta y su aguda inteligencia lo capturaron inmediatamente. Marta era tan encantadora como lo había sido Eudoxia, pero tenía un agudo ingenio y un sentido de la supervivencia que Pedro encontraba irresistible. Después de lo que parece haber sido un flirteo consensuado, se retiró con él a su dormitorio esa noche (por voluntad propia, según la mayoría de los relatos). Después de eso, se volvieron prácticamente inseparables. No

---

[79] "Catalina I", *Saint-Petersburg.com*. Web.

mucho después, fue bautizada en la Iglesia ortodoxa rusa como Catalina.

Catherine rápidamente demostraría ser una partidaria leal y devota de Pedro, así como una hermosa amante. Pronto Pedro se enamoró de ella con locura, con la misma rapidez con la que había enamorado de Ana. Sin embargo, después de la mala experiencia con su última amante, se mostró reacio a convertir a Catalina en algo más que una amante. La apodó cariñosamente "Katerinushka", y la trató con una ternura y un amor genuino que resultaban casi inusuales en su naturaleza dura, ambiciosa y violenta. Asesinó a su propio hijo, pero cuando se trataba de Catalina, la trataba con dulzura y afecto. Incluso los normalmente apretados hilos de su monedero se soltaron fácilmente para Catalina, aunque parece que, a diferencia de Ana, no había nada de avaricioso en su conexión con Pedro.

Catalina tampoco se tardó en darle hijos. En 1704, nació el primero de sus hijos. Daría a luz a otros doce hijos entre 1704 y 1724. Solo dos de estos niños llegaron a la edad adulta: Ana, que nació en 1708, e Isabel, que nació en 1709. En algún momento durante la construcción de San Petersburgo, Pedro y Catalina se mudaron a una casa ordinaria por un tiempo mientras esperaban que su palacio estuviera terminado. La casa de tres habitaciones tenía un pequeño jardín, y en esta tranquila intimidad, vivían juntos con sus hijos como cualquier otra pareja. Parecía que su amor se estaba profundizando y pasaba de ser un mero romance a una conexión profunda y significativa, una que duraría el resto de la vida de Pedro.[80]

Aun así, a pesar de que Catalina había dado a luz a muchos de los hijos de Pedro, él se negaba a hacer oficial su matrimonio, aunque algunas fuentes afirman que se casaron en secreto en 1707. Sin embargo, esto cambió cuando ella le salvó la vida en 1711. Durante la guerra ruso-turca, que derivó de la Gran Guerra del Norte, Pedro

---

[80] "La otra Catalina: 7 hechos sobre la primera emperatriz de Rusia", *Russian Life*. Web.

sufrió varias derrotas ignominiosas. Una de las más humillantes debió ser cuando su ejército fue prácticamente aniquilado por el Gran Visir Baltaji, también conocido como Baltacı. Baltaji había rodeado a los rusos y se acercaba peligrosamente a matarlos a todos, incluyendo al emperador y a su amante que lo había acompañado en la campaña. Pero Catalina no había sobrevivido a la plaga, la guerra y el encarcelamiento solo para morir allí. Reunió todo el oro y las joyas que ella y las otras mujeres de la campaña tenían en su poder y los usó para sobornar a Baltaji para que permitiera a los rusos retirarse, con lo que salvó miles de vidas.

Fue este pequeño acto de heroísmo lo que finalmente persuadió a Pedro de hacer a Catalina su esposa. Para disgusto de su hijo Alexis, se casó oficialmente con ella en 1712 y la hizo emperatriz en 1724.

Sin embargo, no todo iba siempre bien durante su matrimonio y esto fue lo que causó el caos que se produjo después de la muerte de Pedro.

La sucesión de Catalina I

El zar Pedro I, que había sido testigo de la agitación política causada por su coronación junto a su hermano Iván V, se había mostrado firme en que el derecho de sucesión se cambiara para que el zar gobernante pudiera elegir a su propio sucesor. La necesidad de tal legislación se hizo aún más evidente tras la muerte de Alexis. Sin embargo, Pedro no pudo nombrar realmente a su sucesor antes de su muerte.

Pedro tenía la intención de dejar el trono a su esposa Catalina, pero el año anterior a su muerte, la pareja tuvo una discusión que los llevó a distanciarse. El tema de la incesante discusión eran Matryona Balk y Willem Mons, hermana y hermano de Anna Mons. Los dos sirvieron a la zarina como su dama de compañía y secretario, respectivamente. Tanto Balk como Mons eran amigos de Catalina y tenían mucha influencia a la hora de convencerla para que se reuniera con ciertas personas. A su vez, los dos pudieron hacer que Catalina hablara con Pedro y le animara a tener reuniones con las personas que ellos eligieran.

Los hermanos, por lo tanto, comenzaron a vender sus servicios a personas que querían hablar con Catalina o Pedro, un hecho que la zarina no conocía o al que no le daba mucha importancia. En cambio, Pedro había pasado su carrera tratando de eliminar la corrupción de la corte y del gobierno, por lo que cuando descubrió lo que Balk y Mons estaban haciendo, hizo que los arrestaran. A Willem Mons lo ejecutaron y a Matryona Balk la enviaron al exilio. Catalina estaba furiosa por la pérdida de sus compañeros, y aparentemente, ella y el zar no se hablaron durante meses. Ni siquiera la famosa aventura de Catalina con Menshikov había sido capaz de causar este tipo de dificultades matrimoniales entre ellos. Es preciso señalar que el mismo Pedro le había sido infiel varias veces. Pero ahora, toda Rusia estaba al borde de la guerra civil gracias a una disputa entre un marido y su esposa.

Catalina y Pedro se reconciliaron, pero para entonces, el emperador ya estaba terriblemente enfermo. Nunca se hizo un testamento que reemplazara al que había hecho añicos después de la discusión con Catalina. Por lo tanto, una vez que Pedro murió, no había documentación oficial sobre su sucesor.

Para Catalina, el futuro era inmediatamente desalentador. El destino de una mujer real sin el poder de su marido a sus espaldas podía ser a menudo sombrío. Con facilidad podría haber terminado en un convento como Eudoxia o incluso haber sido ejecutada. Sin embargo, ella tenía un fuerte aliado en Menshikov y él se apresuró a reunir un grupo de seguidores a su alrededor. Ansioso de ganar poder para sí mismo, el Senado convenció al Santo Sínodo de que Catalina tenía derecho al trono, aunque fuera una mujer. Si Catalina se hubiera casado con alguno de los zares conservadores que precedieron a su marido, no habría tenido ninguna oportunidad. Pero Pedro había recorrido un largo camino hacia la eliminación del tradicionalismo en la política de Rusia, y así, fue un grupo de nobles de mente mucho más abierta el que colocó a Catalina en el trono y la coronó como la única gobernante de Rusia.[81]

Aunque Catalina era analfabeta y apenas podía firmar su nombre en los documentos oficiales, rápidamente demostró que no era una figura decorativa. Lejos de ser la marioneta que sus aliados posiblemente esperaban, Catalina estuvo activamente involucrada en el gobierno durante los dos breves años de su reinado.

Mientras que Pedro se dedicó a construir un ejército grande y fuerte, Catalina se dedicó a recortar los gastos militares, los cuales estaban causando estragos en la economía del país. Fue capaz de hacerlo con bastante facilidad, ya que cuando tomó el control del trono, Rusia no estaba activamente involucrada en ninguna guerra. La reducción del ejército y el enorme costo del mismo resultó en una disminución de impuestos que fue recibida especialmente por los campesinos rusos, quienes la alabaron como una gobernante justa.

Pedro había usado al Senado ruso y al Santo Sínodo (el máximo órgano de gobierno de la Iglesia ortodoxa rusa) para administrar sus deseos. Catalina creó alternativamente el Supremo Consejo Privado, que consistía en consejeros designados, y lo usó como la principal manera en que el gobierno administraba su trabajo. Esto ayudó a la separación del gobierno de la Iglesia.

A pesar de haber nacido campesina y haber sido analfabeta toda su vida, Catalina había ascendido a la primera posición en Rusia y era una líder efectiva y admirada.

Catalina murió en mayo de 1727, solo dos años después que su marido. Se enfermó de tuberculosis lo que le causó problemas pulmonares. Ella estaba segura de que debía nombrar a su sucesor antes de morir, para que no hubiera dudas como las que hubo cuando murió Pedro I. Catalina nombró al hijo de Alexis, que también se llamaba Pedro, como su heredero.

---

[81]"Catalina I", *Enciclopedia Británica*. Web.

Capítulo 7 – Los emperadores y emperatrices jóvenes

Ilustración III: Isabel en un retrato del siglo XVIII

Después de la muerte de Catalina, no había hijos de los monarcas anteriores que pudieran ascender a trono. Así que Catalina I decidió que su sucesor sería el nieto de Pedro, el hijo del traidor Alexis, Pedro II. Pedro solo tenía once años en el momento de su coronación, por lo que el zar menor de edad era solo una figura decorativa, tal como sucedía con los monarcas jóvenes. El verdadero poder del trono cayó en manos del último consejero de Catalina: el príncipe Aleksandr Menshikov.

Pedro II

Pedro no recibió ningún tipo de trato o beneficio de parte de su abuelo Pedro I. Después de la muerte de Alexis, Pedro y su hermana Natalia quedaron huérfanos, y su abuelo no se interesó por ninguno de los dos. Fueron criados con poca educación bajo la supervisión de la esposa de un vinicultor y la esposa de un sastre. En algún momento, el cuidado de Pedro fue dado a un noble húngaro, que le enseñó el arte de la navegación.

Catalina había comenzado a hacer los arreglos para el matrimonio de Pedro II antes de su muerte y su deseo era que Pedro se casara con la hija del príncipe Menshikov, María. Los arreglos se completaron un año después de la ascensión de Pedro II, pero antes de que la boda pudiera llevarse a cabo, el príncipe se enfermó gravemente. Debido a problemas de salud, el príncipe Menshikov dejó de asistir a la corte real, lo que permitió que el tutor del joven zar, el vicecanciller Andrei Osterman, se convirtiera en el principal consejero del emperador. Debido a la influencia de Osterman, los vínculos del zar con los Menshikov se cortaron abruptamente. El compromiso real fue cancelado, el príncipe Menshikov se vio obligado a renunciar a su posición en la corte y toda la familia fue exiliada a la ciudad de Berezov en Siberia.

La familia Dolgoruky, que había sido una poderosa familia noble desde los tiempos de la dinastía Rúrika, reemplazó a los Menshikov como la familia más influyente del país, además de los Romanov, por supuesto. Aunque el arresto del príncipe Menshikov se hizo por voluntad del zar, lo más probable es que los Dolgorukys estuvieran detrás de él, ya que rápidamente se hicieron cargo de sus propiedades. Esta familia también tomó la decisión de trasladar la corte de Pedro de nuevo a Moscú y organizar su matrimonio con la princesa Ekaterina Alekseyevna Dolgorukaya.

Sin embargo, el matrimonio real nunca se materializó. En 1730, el zar Pedro II contrajo viruela y murió el 30 de enero a la edad de catorce años, el mismo día en que se suponía que se casaría con la princesa Dolgorukaya.[82]

Una vez más, Rusia se quedó sin un claro heredero, ya que Pedro II no tenía descendencia y su hermana Natalia se había muerto dos años antes cuando tenía catorce años de edad. Su abuelo, Pedro el Grande, tenía dos hijas vivas de su matrimonio con Catalina I, pero Ana e Isabel fueron inmediatamente despedidas por el Supremo Consejo Privado. Dada la labor de Sofía Alekseyevna, la regente de Iván V, y la de Catalina I, las mujeres no fueron consideradas inmediatamente inelegibles para heredar el trono de Rusia. Sin embargo, Ana e Isabel habían nacido antes de que sus padres se casaran. El hijo de Ana, Karl Peter, fue descartado por la misma razón.

Como los descendientes de Pedro I eran inelegibles, el consejo buscó a los herederos del medio hermano de Pedro y co-gobernante, Iván V. La hija mayor de Iván V, Catalina, fue considerada dentro de las opciones, pero a los miembros del consejo no les gustó su marido, Carlos Leopoldo de Mecklenburg-Schwerin. Esto pudo haber sido porque Leopoldo luchó por el rey Carlos XII de Suecia. La hija menor de Iván V, Ana, había enviudado recientemente tras la muerte de su marido, Federico Guillermo, duque de Courland. Como Federico había muerto a inicios del matrimonio, Ana no tenía hijos, lo que el consejo consideró beneficioso para sus propósitos.

---

[82] DuVernet, M.A. *Oda a la libertad de Pushkin*. 2014.

Ana Ivanovna

Ana tenía solo tres años cuando su padre Iván V murió y su medio hermano Pedro I se convirtió en el único gobernante de Rusia. Ana y sus hermanas fueron educadas por su madre, que era una mujer severa. Aprendieron sobre la domesticidad y la religión, además de idiomas y música. La familia se mudó a San Petersburgo cuando Pedro I trasladó la corte a esa ciudad y Ana aprendió sobre la alta sociedad y la vida real una vez que se estableció allí.

En 1730, tras la muerte de Pedro II, el Consejo Supremo Privado decidió ofrecer el puesto de emperatriz a Ana Ivanovic. Sin embargo, la oferta tenía varias condiciones. El consejo pidió que Ana no se volviera a casar ni eligiera a su propio heredero, e insistió en que no le declarara la guerra ni la paz a otra nación sin su permiso expreso. No se le permitiría aumentar los impuestos, ascender a funcionarios a altos cargos, dar títulos o propiedades o usar fondos del Estado para sus propios fines. Los miembros de la nobleza debían asistir a un juicio antes de que Ana pudiera hacer que los ejecutaran o les quitaran sus propiedades y el ejército estaba en manos del consejo. Además, se requería que Ana mantuviera el actual Consejo Privado Supremo de ocho miembros tal como estaba, sin hacer cambios.[83]

El consejo comunicó su decisión al Senado ruso y a otros organismos gubernamentales, pero se ocultó la larga lista de condiciones que exigían, así que la decisión fue aprobada. Consultaron con Ana Ivanovich, quien aceptó el trato el 28 de enero de 1730.[84] El 2 de febrero, la sucesión y todas las condiciones que la acompañaban fueron anunciadas en Moscú antes de la llegada de Ana. Todo estaba preparado cuidadosamente para cuando la nueva líder llegara a la capital rusa el día 15 de ese mismo mes.[85]

---

[83] Longley, David. *Compañero Longman de la Rusia Imperial.* 2014.

[84] Ibíd.

[85] Ibíd.

Al llegar a Moscú, Anna descubrió rápidamente que había muchos miembros de la nobleza y oficiales de la guardia que querían que ella tuviera todo el poder autocrático de su título. Diez días después de llegar a la ciudad, Ana Ivanovich destrozó públicamente el documento que describía todas las condiciones que le había impuesto el Consejo Privado Supremo.[86] Para el 4 de marzo, había exiliado a la familia Dolgoruky, se había rodeado de nuevos cortesanos y había abolido el Consejo Privado Supremo. El Senado ruso lo reemplazó como el cuerpo gubernamental más poderoso.

La emperatriz Ana fue coronada oficialmente el 28 de abril de 1730.[87] Durante su primer año en el poder estuvo extremadamente ocupada, encargándose principalmente de asegurar que sería una verdadera monarca en lugar de ser el títere de cualquier consejo engreído. Después de limpiar gran parte del gobierno existente, Ana llevó a sus personas favoritas, quienes eran, en su mayoría, de origen alemán. Uno de esos cortesanos era Ernst Johann von Biron. Se presumía que habían sido amantes desde 1727, y cuando Ana ascendió al poder, él la siguió a la capital rusa, dejando atrás a su esposa, Fräulein B.G. Trotta von Treiden.[88] Aunque era un extranjero sin ninguna posición formal dentro del gobierno ruso, Biron tenía más influencia política que cualquiera en el país, y la mayoría de los ciudadanos rusos lo odiaban. Él tuvo un papel muy importante en el gobierno de Ana.

Ana dejó gran parte de la administración de la nación a Biron y el resto de sus alemanes favoritos: Andrei Osterman y Burkhard Münnich. Osterman era el jefe de asuntos exteriores de Rusia, mientras que Münnich era el jefe del ejército. En 1733, estos asesores fueron responsables de llevar a Rusia a una guerra con un enemigo

---

[86] Ibíd.

[87] Flantzer, Susan. "Anna I Emperatriz de toda Rusia". *Realeza no oficial*.

[88] "Ernst Johann, Reichsgraf von Biron duque de Courland". *Enciclopedia Británica*.

antiguo: Polonia. Lo hicieron en un intento de colocar a un candidato pro-ruso en el trono rival tras la muerte del rey Augusto el Fuerte, quien había vuelto a su cargo en 1709 gracias a la victoria rusa sobre Suecia en la Gran Guerra del Norte.[89]

Augusto murió el 1 de febrero de 1733, y aunque tuvo un hijo adulto (Federico Augusto II de Sajonia) para heredar su corona, muchos ciudadanos polacos prefirieron que ese honor lo tuviese Estanislao I Leszczynski. Estanislao ya había servido como rey de Polonia desde 1704 hasta 1709, después de que el rey Carlos XII de Suecia depuso al verdadero rey polaco de forma temporal.[90] Ahora, con el fallecimiento de Augusto, muchos gobernantes europeos tenían algo que ganar si empujaban a su propio candidato hacia el trono vacío, incluyendo Rusia. La emperatriz Ana y sus consejeros prefirieron ver a Federico Augusto tomar la corona, al igual que el emperador del Sacro Imperio romano germánico Carlos VI.

El gobierno de la emperatriz Ana fue considerado algo cruel. La esclavitud y la servidumbre continuaron, y la época se vio marcada por los altos impuestos a los pobres y el temor a Ana y su crueldad. En 1731, se dictaminó que los impuestos de los siervos eran responsabilidad de sus terratenientes, lo que solo complicó más la vida de los siervos más humildes. Además de esto, y siguiendo las órdenes de Ana, se estableció una oficina secreta del gobierno para investigar a las personas sospechosas de crímenes políticos. Esta oficina a menudo ordenaba castigos físicos brutales por estos supuestos crímenes. Decenas de miles de rusos, incluyendo a los de la nobleza, sufrieron por esta orden.

Ana también era conocida por burlarse de las personas con desfiguraciones o discapacidades. Su corte era excesivamente lujosa y extravagante, y a menudo les dejaba el trabajo difícil a sus agentes

---

[89] "Guerra de la sucesión polaca". *Enciclopedia Británica*.

[90] Ibíd.

mientras ella disfrutaba de su tiempo en la corte. De 1736 a 1739, durante la guerra de Rusia con Turquía por el acceso al mar Báltico, el círculo de poderosos partidarios de Ana gastó cantidades excesivas de dinero en las operaciones bélicas, en las que decenas de miles de personas perdieron la vida a causa de la guerra y las enfermedades.[91] Aunque Rusia ganó un pequeño trozo de tierra en la guerra, no consiguieron el acceso al mar y los impuestos que se les impusieron a los pobres para pagar los gastos bélicos fueron devastadores.

A pesar de los hábitos crueles de Ana y el aumento de la disparidad entre ricos y pobres durante su reinado, su gobierno fue considerado sensato y bueno para Rusia en lo que respecta a la ciencia y la cultura.

Ana gobernó durante diez años. Cuando se enfermó a la edad de cuarenta y siete años, nombró como sucesor al hijo de su sobrina Ana Leopoldovna (hija de la hermana de Ana, Catalina), Iván VI. Lo hizo para asegurarse de que los descendientes de su padre se mantuvieran el poder. Iván VI tenía solo dos meses de edad en ese momento, por lo que Anna nombró a su confiable Biron como regente del niño.

Iván VI

El 28 de octubre de 1740, un día después de que Ana nombrara a su sucesor, la emperatriz murió, y el niño de dos meses Iván Antonovich fue declarado emperador de Rusia.[92] Así, Ernst Johann Biron, duque de Courland, se convirtió en el regente en funciones del infante. Sin embargo, no era popular, ya que había hecho muchos enemigos durante el gobierno de Ana. Apenas tres semanas después de que el zar bebé llegara al poder, a Biron le arrebataron su posición como regente y se la entregaron a la madre de Iván VI. Irónicamente, la remoción de Biron fue orquestada por sus compatriotas alemanes en la corte: Andrei Osterman y Burkhard Münnich.

---

[91] Fraser, C. *Historia de la guerra en Bosnia durante los años 1737-1739*. 1830.

[92] "Iván VI emperador de Rusia". *Enciclopedia Británica*.

Nada de esto era del agrado de Isabel, la hija de Pedro el Grande y Catalina I. Sin embargo, cuando expresó sus opiniones, la regente en funciones, Ana Leopoldovna, amenazó con desterrarla y enviarla a un convento. Furiosa, Isabel se dirigió a simpatizantes no ortodoxos, incluyendo al embajador francés y a otros pro-franceses y anti-austriacos que querían a Ana fuera del poder. Junto con estos partidarios, la princesa Isabel organizó un golpe de estado para reclamar la corona rusa para sí misma.

El 24 de noviembre de 1741, hizo su jugada y capturó y arrestó a Ana Leopoldovna, al zar bebé y a sus principales consejeros.[93] Con la realeza rival en cautiverio, Isabel convocó al alto clero y a oficiales civiles, a quienes exigió ser nombrada emperatriz de Rusia. Ellos obedecieron. Con esto, el reinado de Iván VI solo duró trece meses.

Una vez en el poder, Isabel ordenó la encarcelación de Iván VI y su madre regente. Al principio, encarcelaron al bebé y su familia juntos en Dünamünde, una antigua fortaleza sueca. Dos años más tarde, Isabel trasladó a Iván a Kholmogory en el mar Blanco, donde estuvo separado de su familia durante doce años. Fue trasladado de nuevo en 1756 a Shlisselburg como prisionero secreto sin nombre. Isabel intentó borrar cualquier rastro del zar infantil y destruyó documentos, monedas y cualquier otra evidencia de su reinado.

Iván VI, aunque estuvo preso toda su vida, fue visto más como una amenaza que como su sucesor. Catalina II, quien tomó el poder luego del efímero sucesor de Isabel, el emperador Pedro III, vio a Iván como un problema que debía ser tratado. Aunque Pedro III mostró cierta simpatía por Iván VI, su esposa no lo hizo, y llegó a ordenar la muerte de Iván si se intentaba liberarlo.

Un hombre llamado Vasili Mirovich, que era teniente en la prisión de Shlisselburg, descubrió la verdadera identidad del prisionero secreto. Buscó ganar el favor de sus partidarios al liberar al zar encarcelado y devolverlo al poder. Sin embargo, Mirovich desconocía

---

[93] "Elizabeth Emperatriz de Rusia". *Enciclopedia Británica*.

la orden secreta de matar a Iván si se producía algún intento de liberarlo. Durante la medianoche del 5 de julio de 1764, Mirovich y sus partidarios tomaron el control de parte de la fortaleza y exigieron la liberación de Iván. Cuando llegaron a Iván, ya había sido asesinado por los guardias. Mirovich y sus hombres fueron inmediatamente arrestados y asesinados.

La madre de Iván VI, Ana Leopoldovna, murió en Kholmogory solo dos años después de que ella y su bebé fueran encarcelados allí.

Isabel

Isabel nació en 1709 y era hija de Pedro I y Catalina I. Después de que Pedro y Catalina se casaron oficialmente en San Petersburgo el 9 de febrero de 1712, Isabel y su hermana Ana fueron legitimadas por Pedro I.

No se esperaba que Isabel llegara a tener ningún tipo de poder. Cuando era niña, se pensaba que su medio hermano Alexis del primer matrimonio de su padre sería el heredero del trono y luego lo serían sus hijos. Como parecía muy improbable que llegara a gobernar Rusia, Isabel recibió poca educación. Tuvo una institutriz francesa y aprendió francés, alemán e italiano. Isabel era una chica físicamente activa y una muy buena bailarina.

Pedro I arregló los matrimonios de sus hijas en 1724. Las dos chicas se casarían con príncipes de Alemania. Carlos Federico se casaría con Ana. Él había sido exiliado de Alemania y ya vivía en Rusia. Isabel se casaría con el primo hermano de Carlos Federico, Carlos Augusto.

Ana se casó con su prometido como estaba previsto. Sin embargo, en 1727, cuando Isabel de diecisiete años se iba a casar, sus padres ya habían fallecido, así como su prometido, quien murió con dos semanas de diferencia. Isabel se encontró sin ofertas reales de matrimonio una vez que Pedro II y sucesivamente Ana llegaron al poder. Si se casaba con un plebeyo, perdería su derecho al trono en el futuro, así como su estatus y sus derechos de propiedad. Por lo tanto, Isabel permaneció soltera.

Cuando finalizó el complot para derrocar al zar infantil y a su madre regente en el invierno de 1741, Isabel estaba lista.[94] Se presentó en el cuartel general del regimiento de élite de Preobrazhensky usando la coraza metálica de un guerrero sobre su vestido y preguntó a los hombres si la apoyarían para conseguir su legítimo lugar en el trono. El regimiento decidió apoyar a Isabel y marchó con ella al Palacio de Invierno para tomar el poder del zar bebé.

La ceremonia de coronación de la emperatriz Isabel fue la más grande de la historia contemporánea. Hubo mascaradas, bailes, fuegos artificiales y la emperatriz encargó la construcción de las Puertas Rojas de Moscú.

Isabel I intentaba salvar a Rusia de la influencia extranjera bajo la que había vivido durante algún tiempo. Sus predecesores habían permitido una fuerte influencia de sus consejeros alemanes, por lo que Isabel desterró a muchos de ellos de Rusia. También buscaba devolverles a los ciudadanos una fe cristiana más sólida. Para lograrlo, se dio a sí misma el título de emperatriz de la catedral de la Dormición para supervisar tales medidas, que incluían la abolición de la pena de muerte.

Isabel buscó una resolución en la guerra con Suecia y abrió negociaciones con ellos en Turquía. El 7 de agosto de 1743 se firmó el Tratado de Abo, en el que se daba el sur de Finlandia y dos fortalezas a Rusia y se establecía una frontera entre ambos países. Esto trajo finalmente la paz después de más de cuarenta años de malestar desde que su padre había comenzado la Gran Guerra del Norte.[95]

Sin embargo, no pasó mucho tiempo antes de que la nueva emperatriz se aburriera de la política complicada y la administración

---

[94] Ibíd.

[95] "Rusos prominentes: Elizaveta Petrovna Romanova", *Russiapedia*. Web.

aburrida que caracterizaba la mayor parte de la vida cotidiana de un gobernante. Después de todo, no había sido criada para ser una emperatriz sino más bien para ser una princesa que tendría una vida de ocio y diversión. Cansada de los asuntos internacionales, Isabel comenzó a dedicarse a tener exactamente ese tipo de vida, excepto que ahora contaba con las grandes arcas del Imperio ruso para cada esfuerzo.

Esta encantadora, vanidosa y bien construida mujer comenzó a invertir grandes cantidades de dinero en las artes, la cultura y el aprendizaje en San Petersburgo. Las majestuosas pinturas que hoy cuelgan en el Palacio de Invierno fueron creadas gracias a su patrocinio. También construyó el primer teatro público de San Petersburgo, la Academia de Ciencias y la Academia de Bellas Artes. Enamorada del idioma francés, Isabel reemplazó al ruso y optó por el francés durante gran parte de su gobierno, tanto así que el francés seguiría siendo un idioma predominante entre la nobleza de Rusia hasta la caída del imperio.

A Isabel también le encantaba organizar fiestas y bailes de máscaras elaborados. La emperatriz incluso fomentaba el travestismo entre sus cientos de invitados, cosa que se consideraba a menudo como un delito grave. Tenía poca consideración por los pobres y ayudó a acentuar la profunda brecha entre las clases sociales rusas. Aun así, su reinado es considerado como uno que trajo paz y prosperidad a Rusia en muchos sentidos. Las razones que tuvo para impulsar este renacimiento cultural pueden haber sido egoístas, pero en realidad, la cultura rusa se benefició enormemente de ello, tanto que el reinado de Isabel es conocido como una época de iluminación en Rusia. Las reformas fiscales también ayudaron a evitar que el lujoso estilo de vida de Isabel agotara los fondos de la nación. De hecho, Rusia se hizo más rica y los primeros bancos se establecieron durante su reinado.[96]

---

[96] "Isabel", *Saint-Petersburg.com*. Web.

A pesar de la vanidad de Elizabeth y su reticencia a participar en la diplomacia y las complejidades de la administración, se involucró en los asuntos exteriores cuando las cosas se pusieron difíciles. Y ciertamente, la situación se complicó durante la devastadora guerra de los Siete Años, que tuvo lugar entre 1756 y 1763. Este conflicto, que comenzó cuando las tensiones coloniales entre los franceses y británicos llegaron a un punto álgido (lo que dio a George Washington, de 22 años, su primera experiencia en la batalla), arrastró a numerosas naciones a un baño de sangre generalizado que mató a más de un millón de personas. Austria y Prusia se apresuraron a sumirse en el caos, formando alianzas con Francia y Gran Bretaña, respectivamente, y se produjeron extensas batallas en Europa, América del Norte, Asia y África.

Aunque que Rusia no estaba bajo ninguna amenaza directa, el país estaba aliado con Austria, y para 1759, Isabel se dio cuenta de que no podía permitir que sus aliados siguieran sufriendo por el terrible daño que Federico II de Prusia les estaba infligiendo. Era un comandante hábil y formidable, y la derrota se avecinaba para los austriacos. Tras movilizar a 100.000 hombres, Isabel los envió al frente de batalla, lo que aseguró la rotunda derrota de Federico. El gobernante prusiano se vio obligado a rendirse a los rusos en 1762 y ceder Prusia oriental a Isabel, cosa que habría concretado si Isabel aún estuviera viva. Murió el día de navidad de 1761, de un derrame cerebral a la edad de 52 años.

Capítulo 8 – Catalina la Grande

Ilustración IV: Catalina la Grande por Vigilius Eriksen

A pesar de las ambiciones de su padre de casarla con un joven rico y poderoso, Isabel permaneció legalmente soltera toda su vida. Su primer amante fue un sargento del ejército, pero su relación no duró mucho debido a la prima de Isabel, la emperatriz Ana Ivanovna, quien hizo que lo mutilaran y desterraran.

El consorte a largo plazo de Isabel resultó ser un siervo común llamado Alekséi Razumovsky. Alekséi pudo haber provenido de la clase baja, pero tenía un corazón gentil y una apariencia noble, e Isabel lo amaba ferozmente. Lo colmó de riquezas y títulos, pero nunca llegó a casarse legalmente con él pues prefería reservar el poder para sí misma.

Finalmente, Isabel murió sin tener hijos a pesar de su activa vida amorosa. Sin embargo, no se quedó de brazos cruzados cuando se trató de asegurarse de tener un heredero viable que pudiera gobernar Rusia en su lugar. Este sería uno de sus parientes masculinos vivos más cercanos: su sobrino, un noble alemán llamado Karl Peter Ulrich.

Pedro III

Nacido en 1728, tres años después de la muerte de Pedro el Grande, Pedro III fue el hijo de la gran duquesa Ana Petrovna, hija de Pedro I y la mayor de las que aún vivían. Ana y su esposo, Carlos Federico, duque de Holstein-Gottorp, murieron cuando Pedro era solo un niño.

Los tutores y funcionarios encargados de criar a Pedro en la corte de Holstein esperaban poder ponerlo en el trono sueco gracias a los lazos familiares de su padre con Carlos XII. Estaban mucho más interesados en convertirlo en rey que en criar a un niño feliz con una formación integral. Huérfano e infeliz, a Pedro lo maltrataban con frecuencia. Debió ser un tremendo alivio cuando su tía, la benevolente Isabel, que no ejecutó ni a un alma durante sus poco más de dos décadas de gobierno, decidió que él sería su heredero. En consecuencia, Pedro iría a vivir con ella a San Petersburgo y ella lo adoptaría como su hijo.[97]

Pedro tenía catorce años cuando viajó a San Petersburgo e Isabel se esforzó rápidamente por intentar inculcarle una educación rusa al muchacho, quien tuvo que ser bautizado en la Iglesia ortodoxa rusa al llegar, al igual que su abuela Catalina I, pues el chico era luterano. Aunque a Pedro no le gustaban los estudios, se interesó mucho por el ejército.

Cuando Pedro tenía diecisiete años, Isabel arregló que se casara con una dócil princesita alemana llamada Sofía. La chica solo tenía dieciséis años en ese momento y pronto todo el mundo se daría cuenta de que la habían subestimado.

La sucesión de Pedro, de 33 años, fue pacífica gracias a las medidas que su tía había tomado para asegurar que se convirtiera en el emperador de Rusia sin que hubiera derramamiento de sangre. Entusiasmado, Pedro tomó el poder, decidido a cambiar muchas de las cosas que su vana y apacible tía había instituido en el gobierno. La pena de muerte fue una de las cosas que tuvo un regreso estridente. Quizás aún peor, Pedro III era un fan de Federico II, un hombre que había matado a miles de rusos en la guerra de los Siete Años. El interés de Pedro en este gobernante hizo enojar a sus súbditos, pero él se sentía mucho más alemán que ruso, así que no fue una verdadera sorpresa que eligiera adorar a un héroe alemán. De hecho, Pedro apenas hablaba ruso. Debió sentirse como un marginado en el país que gobernaba y muchos de sus súbditos lo veían como un extranjero, no como un zar.

Así que cuando la oferta de Federico de entregar Prusia oriental llegó a San Petersburgo, Pedro estaba ansioso por devolverla. Formó una alianza con Federico e incluso cambió el uniforme ruso por el odiado azul de Prusia, un color que se asociaba con los muchos

---

[97] "El esposo de Catalina la Grande, Pedro III, gobernó Rusia... hasta ya que no lo hizo", revista *Town and Country*. Web.

hombres que habían matado a miles de soldados rusos apenas unos meses antes. Era como si esos soldados rusos hubieran perecido en la guerra en vano, lo que hizo a Pedro inmediatamente impopular.

Para empeorar las cosas con muchos grupos rusos poderosos, Pedro, que no había tenido muchas opciones al momento de convertirse del luteranismo a la ortodoxia rusa, permitió la libertad religiosa en Rusia. Mientras que esto puede parecer un paso hacia la libertad y la igualdad de derechos, la decisión sin duda causó molestias en toda la corte rusa en un momento en que el Santo Sínodo todavía tenía un considerable poder político.

Luego de gobernar por seis meses, Pedro pudo haber estado cambiando las cosas para mejor, pero ciertamente no estaba haciendo ningún aliado. También tomó algunas decisiones que comenzaron a tornarse extrañas. Algunas fueron tan raras que muchos historiadores piensan que pudo haber tenido algún tipo de discapacidad mental. Por ejemplo, prohibió los libros de latín de la biblioteca imperial gracias a su odio infantil al estudio del latín. También eligió vestir a su ejército del mismo color que sus enemigos. Rusia parecía estarse acercando a un reino de terror con un loco irracional a la cabeza del gobierno, pero apareció una heroína proveniente de un barrio improbable de una manera tan parecida a los orígenes de su difunta abuela política que hasta daba miedo. Esta heroína estaba lista para tomar las riendas.

El golpe de estado de Catalina

La dulce y brillante princesita que Isabel había elegido como esposa de Pedro III podría no haber sido elegida por su mansedumbre después de todo. Sofía, nacida como la princesa Sofía Augusta Federica de Anhalt-Zerbst, era todo lo que la novia de un emperador debería ser: encantadora a la vista, dócil, de buenos modales y educada. Pero su dulce fachada ocultaba una inteligencia feroz, algo que Isabel pudo haber reconocido cuando eligió a Sofía para ser la novia de Pedro. Como sabía que su hijo adoptivo tenía algún tipo de problema mental, Isabel podría haber estado buscando una chica como Sofía, una persona que pudiera ser el cerebro de la operación. O tal vez solo quedó encantada con la belleza de la chica.

Después de la boda en 1745, que tuvo lugar un año después de que Sofía llegara a Rusia, la joven princesa fue bautizada en la ortodoxia rusa y pasó a llamarse Catalina. Probablemente fue nombrada en honor a la abuela de Pedro, Catalina I, con la esperanza de que llevara un poco de su grandeza. Nadie esperaba que algún día la joven Catalina eclipsara a la primera emperatriz de Rusia.

La inteligente y ambiciosa Catalina se había casado con Pedro por poder, no por amor, cosa estaba absolutamente clara desde el principio. De acuerdo con sus propias memorias y cartas, todo lo relacionado con Pedro la repugnaba por completo. Catalina era una académica ávida y muy educada, a diferencia de su tocaya. Hablaba y escribía en varios idiomas y disfrutaba de profundizar en todo tipo de temas. En cambio, Pedro odiaba estudiar y le preocupaba la guerra en todo momento. Según Catalina, el zar no tenía ningún interés en ella y prefería jugar con soldados de juguete antes que prestar atención a su joven y hermosa novia, incluso en la noche de bodas.

Lo que a Pedro le faltaba en inteligencia, puede que lo compensara en bondad o moralidad, pero Catalina informó que era cruel e incluso sádico a veces. Una noche en las habitaciones lujosas del palacio, Catalina se horrorizó cuando Pedro capturó un ratón y la obligó a mirar mientras él sentía placer al realizar una elaborada ejecución en el diminuto animal, colgándolo mientras sus débiles chillidos resonaban en las oscuras habitaciones. Pedro también carecía de cualquier tipo de atractivo físico, ya que tenía marcas horribles producto de un episodio de viruela en su juventud. Incluso parece que pudo haber sido infértil o impotente. Catalina afirmó que él nunca consumó el matrimonio, lo cual puede ser falso.[98]

---

[98] "El problemático matrimonio de Catalina la Grande y Pedro III", *Biography.com*. Web.

De cualquier manera, cuando Pedro se convirtió en emperador en enero de 1762, Catalina había pasado todo el tiempo posible evitando a su odiado marido. En su lugar, ella se dedicó a cultivar sus conocimientos, por lo que dedicaba el tiempo a leer a Voltaire y Tácito, y también intentaba ganarse a un joven y apuesto oficial, Grigori Orlov. A medida que el reinado de Pedro se volvía más y más inestable, Catalina se dio cuenta de que la nación estaba bajo amenaza, al igual que su vida. Es posible que Pedro supiera acerca de su aventura con Grigori, razón por la que ella comenzó a creer que él estaba decidido a divorciarse de ella. Para una mujer de la realeza, el divorcio podía terminar de dos formas: el destierro o la muerte. A Catalina no le gustaba ninguna de las dos, y cuanto más veía a su marido y su gobierno, más sabía que ella misma podía hacerlo mejor.

Rusia ya había tenido una buena cantidad de mujeres gobernantes en ese momento, pero aun así se consideraba poco ortodoxo tener una figura femenina al mando. Sin embargo, Pedro tenía muchos enemigos, sobre todo la Iglesia y el ejército. Temiendo por su vida y deseosa de desarrollar todo su potencial, Catalina decidió que no solo podía hacerlo mejor, sino que lo haría mejor. Quería demostrarle al mundo que una mujer podía gobernar con poder y justicia, y empezó a tramar un golpe de estado contra su marido en el verano de 1762, después de que él hubiera gobernado durante seis meses.

El desastre ocurrió a principios de julio. Pedro descubrió que Catalina y sus co-conspiradores habían estado confabulando en su contra. Uno de ellos fue arrestado y ejecutado. Catalina se dio cuenta de que, si iba a atacar, tendría que apresurarse antes de que Pedro pudiera reunir al ejército y hacer que la arrestaran, o algo peor.

Catalina abandonó los apartamentos del palacio con prisa, dejando al peluquero preocupado por su peinado a medio terminar, y puso en marcha el golpe de estado. Catalina tenía el apoyo de la Iglesia y los militares, quienes odiaban a Pedro con una pasión pertinaz. Sus hombres no tardaron en arrestar al emperador, quien fue encarcelado el 9 de julio, y Catalina fue oficialmente coronada como la emperatriz de Rusia, a pesar de que no llevaba ni una sola gota de sangre Romanov y no tenía ningún derecho legal al trono.

En cuanto a Pedro, su estancia en la cárcel no duró mucho. Murió el 17 de julio y se desconocen las circunstancias exactas del fallecimiento. Algunos dicen que se involucró en una pelea tras las rejas, mientras que otras fuentes sugieren que pudo haberse suicidado. Algunos historiadores incluso creen que el hermano de Grigori lo asesinó. Esto pudo haber ocurrido por orden de Catalina, aunque hay pocas pruebas que permitan aclarar los hechos.[99]

El reinado de Catalina la Grande

El gobierno de Catalina comenzó con esplendor cuando fue coronada en la catedral de la Asunción en Moscú el 22 de septiembre. Aunque no era una Romanov, gracias a su coronación se creó uno de uno de los tesoros más antiguos y queridos de la familia Romanov: la Gran Corona Imperial de Rusia. Este magnífico objeto está hecho de terciopelo rojo y cuenta con casi 5.000 incrustaciones de hermosos diamantes. Pesa cuatro kilos e incluye setenta y cuatro perlas, así como una espinela de rubí de casi cuatrocientos quilates.[100]

Con esta brillante corona en la cabeza, Catalina se adueñó de su nuevo papel como mujer poderosa por derecho propio, el cual la rodeó de escándalos inmediatamente. Rusia había tenido gobernantes femeninas antes, pero la situación de Catalina II era muy diferente. Isabel y Ana tenían derechos legítimos al trono y Catalina I había triunfado pacíficamente. Pero Catalina II derrocó a su débil marido y tomó el poder a pesar de no tener ningún derecho al trono. Esto causó un odio inmediato hacia ella, especialmente cuando resultó que Catalina quería hacer mucho más que distraerse en fiestas y

---

[99] "Pedro III", *Biography.com*. Web.

[100] "5 Hechos sobre la Gran Corona Imperial", *Beyond Russia*. Web.

encargarse de la cultura como sucedió con Isabel. Catalina quería expandir su reino y gobernar en todos los sentidos de la palabra.

Comenzó por expandir las fronteras rusas de forma inmediata al asumir el poder. Catalina tenía la costumbre de nombrar a una serie de amantes leales y a los favoritos de su círculo como generales y diplomáticos. A lo largo de su vida, Catalina mantendría un cierto número de relaciones y a menudo se separaba de sus ex-amantes en buenos términos, y como regalo les daba dinero, tierras, títulos, e incluso esclavos. Uno de sus favoritos era Gregorio Potemkin.[101] Lo conoció el día que Pedro fue arrestado, ya que era parte de la guardia armada que lo hizo. Catalina se enamoró instantáneamente del apuesto joven oficial y su relación perduraría hasta el final de la vida de Potemkin en 1791. Para entonces, Grigori Orlov había perdido el afecto de Catalina. Se alegó que se había acostado con una pariente de trece años, por lo que Catalina lo rechazó poco después. Orlov le trajo un diamante gigante, llamado el diamante de Orlov en su honor, en un intento de recuperar su cariño. Lamentablemente para él, Catalina ya había forjado una nueva relación con Potemkin. Su amor por Potemkin era potencialmente el vínculo más duradero que tendría en su vida.

Sin embargo, esto no impidió que Catalina estuviera con otros hombres, y aunque su lujuria se volvió legendaria, nunca se casó. Al igual que Isabel, Catalina sabía que un matrimonio la condenaría a una muerte política, y ella había luchado demasiado por tener su poder como para tener que entregarlo.

Sus amantes, a menudo poderosos militares, demostraron ser muy útiles en su trabajo de expansión del Imperio ruso. En repetidas ocasiones durante su reinado, se enfrentó a los poderosos turcos que habían luchado contra Pedro el Grande. El poderoso ejército de Catalina, impulsado por su ambición, era demasiado para ellos. Luchó contra ellos en las dos guerras ruso-turcas, las cuales

---

[101] "La verdadera historia detrás de la *Catalina la Grande* de HBO", *Time*, Web.

terminaron en estrepitosas derrotas para el Imperio otomano. El Tratado de Jassy, firmado en 1792, obligó al Imperio otomano a ceder Crimea a los rusos.[102]

Catalina pronto puso sus ojos en Persia, otra área que Pedro había intentado conquistar. A pesar de que Catalina envió al hermano menor de su amante para dirigir las tropas, en lugar de utilizar a los generales experimentados para esta campaña, este fue también un momento decisivo para los persas.

Con las campañas militares y un poco de diplomacia hábil, Catalina logró añadir alrededor de 320.000 kilómetros cuadrados al territorio de Rusia durante las más de tres décadas de su reinado. También fue una diplomática excelente, pues a menudo actuaba como mediadora entre las naciones en guerra, un papel que más tarde sería ocupado por la Inglaterra victoriana. Cuando intentaba contactar a otras naciones en un intento por comerciar con ellas, Catalina trató de establecer relaciones con los rincones distantes del Extremo Oriente, enviando misiones comerciales a Japón y la India. Aunque no era amiga del emperador chino, dio cobijo a cientos de refugiados chinos que huían del genocidio zúngaro.

Además de ser una hábil política, Catalina estaba muy interesada en las artes, la cultura y la educación. Su gusto era poco ortodoxo; disfrutaba de comedias y romances ordinarios, así como de los clásicos más perdurables de sus ilustres contemporáneos. Voltaire era uno de sus favoritos, con quien intercambió cartas durante quince años. Por su parte, él la consideraba absolutamente brillante. Escribió algunas obras de ficción, así como memorias y ensayos. También escribió una guía sobre la educación de los niños pequeños.

Sin embargo, a pesar de toda la capacidad de Catherine, parece que se preocupaba muy poco por el pueblo. Los esclavos que regalaba de forma tan generosa a sus amantes eran comúnmente conocidos como siervos, pero la diferencia entre la servidumbre y la

---

[102] "Catalina la Grande: Biografía, logros y muerte", *Live Science*. Web.

esclavitud era pequeña. Incluso mientras luchaba por modernizar muchos aspectos de su imperio, Catalina trataba a los siervos como lo hacían la mayoría de los nobles, como si fueran objetos en vez de personas. De hecho, sus constantes campañas militares resultaron en impuestos aún más duros, lo que hizo la vida de los siervos más difícil.

Como resultado, Catalina tuvo que enfrentarse a numerosas revueltas, ya que el hambriento pueblo de una nación que sufría a menudo se levantó contra ella. Eran personas analfabetas, odiadas, pisoteadas y constantemente oprimidas; personas a las que no les importaba con quién comerciaba Rusia, qué tan grande era el imperio o qué tipo de libros estaba leyendo Catalina. Querían ser alimentados, estar seguros y ser tratados como seres humanos, y estaban dispuestos a luchar por ello. La rebelión más seria fue liderada por Yemelián Pugachov, un furioso ex oficial del ejército cuya sublevación campesina amenazó seriamente el poder de Catalina en 1773. Pugachov incluso afirmó ser Pedro III alegando que había escapado de la prisión. Los campesinos no tenían oportunidad de salir victoriosos cuando se enfrentaron a la masa del ejército de Catalina, dirigido por Potemkin. La rebelión fue sofocada en 1774[103] y Pugachov fue ejecutado en 1775.

El reinado de Catalina pudo haber sido cruel, pero también fue largo e ilustre. Era dura con su gente, indiferente a los siervos e infiel a sus amantes, pero aún hoy en día sigue siendo un símbolo del feminismo en una época de supremacía masculina. Nació para ser una dócil y pequeña gran duquesa que simplemente produciría herederos para su poderoso marido y haría todo lo que él le pidiera sin cuestionarlo. En lugar de eso, Catalina demostró ser una poderosa gobernante por derecho propio, que se ganó el apodo de Catalina la Grande y siguió los pasos de Pedro el Grande a pesar de que no compartía ningún vínculo familiar con él. Resulta fascinante que

---

[103] "8 cosas que no sabías de Catalina la Grande", *History.com*. Web.

también fue una mujer bastante ordinaria en muchos sentidos en los que numerosas mujeres de hoy en día podrían sentirse fuertemente identificadas con ella. Disfrutaba tanto de la lectura ligera como de los volúmenes educativos más pesados, era devota del café de las mañanas y disfrutaba pasando mucho tiempo con su querido caballo, Dudley.

Sus enemigos esparcieron muchos rumores maliciosos sobre su muerte, algunos de los cuales perduran hasta hoy, pero en verdad, la muerte de Catalina fue una muerte ordinaria. Tuvo un derrame cerebral el 16 de noviembre, en algún momento antes de las nueve de la mañana, y murió pacíficamente al día siguiente a la edad de sesenta y siete años.

Capítulo 9 – El zar loco

A diferencia de Isabel, Catalina fue descuidada a la hora de nombrar a su sucesor a pesar de que tenía un hijo y un heredero. Pablo nació en 1754, ocho años después del matrimonio de Catalina con Pedro.

Pablo I

Todo alrededor del nacimiento del hijo de Catalina fue un poco extraño y sospechoso.

Por una parte, el hecho de que ella había estado casada con Pedro durante casi una década antes de que Pablo naciera era extraño en una época en la que las esposas reales prácticamente existían solo para dar a luz a los futuros herederos. Catalina afirmaría más tarde que el niño no era en absoluto el hijo de Pedro, sino que su padre era Sergei Saltykov, un oficial militar y amante de Catalina en ese momento. Hay mucha disputa sobre si la afirmación de Catalina era cierta o no. Puede que simplemente haya estado intentando desacreditar la pretensión de Pablo al trono. Si fuera cierto que Pablo no era el hijo de Pedro, entonces este libro sería considerablemente más corto, ya que la línea Romanov habría muerto en prisión con Pedro III.

Sin embargo, Pablo ciertamente tenía un sorprendente y casi inquietante parecido con el antiguo emperador, no solo en apariencia, sino también en sus ideas y costumbres. Su reinado, aunque más largo que el de Pedro, es una muestra de lo que podría haber sido el gobierno de su padre.

A una edad temprana, Pablo fue apartado de su madre, quien no podía preocuparse menos por él. Isabel insistió en que lo criaría ella misma en el palacio y lo hizo durante los siete años que vivió después del nacimiento de su nieto. Se sospechaba que Isabel podría haber estado preparando a Pablo para que fuera su sucesor en lugar de Pedro, ya que había sido testigo de la reputada debilidad mental de este último. Sin embargo, al final el trono sí terminó en manos de Pedro. Pablo solo tenía ocho años cuando se enteró de la terrible noticia: no solo su padre había sido destituido y asesinado, sino que, además, su madre estaba detrás de ello.

Aunque sus padres no lo criaron, resulta difícil subestimar el impacto que pudo tener el trauma mental causado por la situación en un niño de ocho años. De manera instantánea, Pablo comenzó a sospechar tremendamente de todos los que le rodeaban, con una paranoia creciente que habría derribado a gobernantes más grandes que él. Lo volvió nervioso y apresurado, sus acciones eran impulsivas y no se le daban bien los estudios. Además, parece que Catalina lo trató con frialdad a pesar de que era su heredero. Cuando llegó a la mayoría de edad, le hizo casarse con una princesa alemana, Natalia Alexeievna, quien moriría al dar a luz en 1776.

Para entonces, Pablo ya se veía como un improbable sucesor de la ilustre Catalina. Había sufrido una batalla mortal contra el tifus en 1771, que según se informa lo hizo feo y enfermizo. A menudo, su apariencia se representaba de forma poco favorecedora en el arte contemporáneo. Sin embargo, poco después de la muerte de Natalia, se casó con una segunda esposa: Maria Feodorovna. Aunque Pedro pudo haber sido infértil, Pablo ciertamente no lo era. María le dio diez hijos durante su matrimonio, y uno de ellos fue un niño robusto y saludable llamado Alejandro, que nació en 1777.

Catalina pronto se fijó en el niño y lo llevó al palacio para poder criarlo ella misma. Era dolorosamente evidente que Catalina consideraba a Alejandro un heredero más digno que Pablo. Sin embargo, si alguna vez creó un testamento que dejara el trono a Alejandro, este fue destruido y es totalmente posible que Pablo lo hiciera él mismo. Cuando Catalina murió, Pablo anunció que él era el heredero del trono. Como era su pariente masculino vivo más cercano, poco se podía hacer para detenerlo.

Pablo fue coronado como el emperador Pablo I. Con su gobierno llegaron retrocesos instantáneos y aterradores al mandato de su difunto padre. Como idolatraba a Federico II, hizo que todos sus soldados se vistieran con uniformes prusianos que incluían pelucas pomposas. Una rabia intensa y devastadora se apoderaba de Pablo si cualquiera de los soldados incumplía con alguna parte del uniforme que él había decretado, incluso cuando llevaban abrigos de piel para proteger sus cuerpos contra el amargo frío del invierno ruso. De hecho, Pablo parece haber tratado a su ejército como si fueran soldados de juguete, los mismos que su padre había preferido por encima su joven y ambiciosa esposa. Se obligó a los hombres a hacer interminables ejercicios y simulacros de batallas frente al palacio del emperador solo para el disfrute de Pablo. No pasó mucho tiempo antes de que los soldados y oficiales rusos comenzaran a acumular resentimiento.

El color del uniforme de sus soldados no fue lo único que Pablo cambió. De hecho, promulgó casi cuatro veces más leyes durante su gobierno que Catalina, un promedio de cuarenta y dos por mes. Muchas de ellas fueron, según los estándares modernos, decisiones sabias que permitieron mayores libertades para las clases bajas oprimidas. Pablo permitió una mayor libertad religiosa y los campesinos podían poseer tierras y testificar en el tribunal. También era ilegal hacer trabajar a los campesinos los domingos.[104] Sus vidas mejoraron enormemente durante su gobierno; sin embargo, estas leyes engendraron resentimiento en los terratenientes, ya que las leyes los perjudicaban inmensamente.

Pablo también trabajó duro para estabilizar la moneda rusa, que había estado sufriendo durante los últimos años del reinado de Catalina. Llegó a fundir la platería del palacio para que la convirtieran en monedas. Pablo también vendió pan de las reservas reales especiales a costos más bajos para que el precio de los alimentos se redujera.

La corrupción era otra cosa que Paul no podía soportar. Incluso los oficiales de alto rango que se atrevieron a desobedecerlo fueron despedidos rápidamente.

De hecho, las ideas de Pablo estaban adelantadas a su tiempo, y muchas de ellas realmente mejoraron la vida de sus súbditos. Era un hombre profundamente religioso que parece haber hecho muchos esfuerzos para aferrarse a sus ideales y estándares de comportamiento de alto nivel. Desafortunadamente, Pablo sería conocido en la historia como el "Zar Loco", gracias a sus muchas excentricidades y a su temperamento impredecible, lo que ha llevado a muchos historiadores a especular si pudo haber sufrido algún tipo de enfermedad mental.

Algunos de los hábitos extraños de Pablo eran bastante inofensivos, aunque un poco molestos. Su profundo odio por el Reinado del Terror francés que estaba ocurriendo en ese momento, algo que sin duda compartía con los monarcas de todo el mundo, se manifestaba en algunas leyes muy extrañas en cuanto a la moda. A nadie se le permitía llevar ninguna de las modas francesas vanguardistas; en su lugar, las personas se adherían a un estricto código de vestimenta, e incluso decir palabras como "patriotismo" era

---

[104] "El manifiesto de Pablo I sobre la corvea de tres días". EuroDocs > Historia de Rusia: Documentos principales > 1796-1917. Web.

ilegal. Pablo también amaba los colores brillantes, lo cual era evidente no solo en la ropa que sus súbditos usaban sino también en las puertas, puentes y otras piezas de arquitectura que mandó a pintar de manera brillante.[105]

Lamentablemente, muchas de las peculiaridades de Paul eran brutales y peligrosas. Tenía el hábito de perder los estribos y tener arrebatos violentos y furiosos, seguidos de muestras de profundo arrepentimiento en las que ofrecía disculpas. Lo peor de todo es que la paranoia que comenzó cuando su madre hizo que asesinaran a su padre continuó creciendo a lo largo de su vida. Se volvió cada vez más desconfiado de todos los que le rodeaban, especialmente de su familia. Trataba a María y los niños de forma brutal pues cada vez era más abusivo, controlador, posesivo y duro. La policía secreta que su padre abolió había regresado con fuerza y trajo consigo espías en todos los niveles superiores de la sociedad. Pablo estaba tan concentrado en los asuntos internos de Rusia, particularmente en sus sospechas, que la política exterior fue terriblemente descuidada. Las relaciones que Catalina había luchado tanto por establecer con países lejanos fueron completamente ignoradas durante el reinado de Pablo.

Resultó que las sospechas de Pablo no eran infundadas. En 1801, Alejandro tenía veintitrés años y empezaba a cansarse de su papel de príncipe heredero en un país gobernado por un aparente loco. Pablo solo llevaba cuatro años gobernando, pero ya estaba harto de la nobleza. Los campesinos amaban a Pablo por los derechos y las vidas más fáciles que tenían durante su gobierno, pero la nobleza lo odiaba a muerte. Les habían quitado sus tierras, les habían quitado el poder a causa de las leyes más liberales, e incluso su dignidad se había visto mancillada. Las gloriosas guerras que se habían librado durante el gobierno de Catalina ya eran historia; en cambio, los oficiales que habían dirigido valientes ataques y habían sido recompensados con dinero y orgullo, ahora se veían reducidos a entrenar y actuar para el

---

[105] "Rusos prominentes: Pablo I", *Russiapedia*. Web.

placer del emperador. Pablo había sido bueno con muchos de sus súbditos, pero había enojado a los equivocados.

Fue el general Levin August von Bennigsen y el comandante militar conde Peter Ludwig von der Pahlen quienes finalmente planearon un complot. Esa noche, Pablo había cenado con algunos invitados en su palacio, entre ellos Alejandro. Alejandro estaba nervioso y apenas comió, y quizás fue la naturaleza sospechosa de Pablo la que lo alertó de que algo andaba mal. Pablo se retiró apresuradamente a sus espaciosos aposentos después de la cena. No pasó mucho tiempo antes de que Bennigsen y Pahlen hicieran su movimiento. Lo que sucedió a continuación parece que estuvo mal planeado. Aparentemente querían que Pablo firmara un anuncio de abdicación, es probable que bajo coacción. Tenían el documento con ellos mientras luchaban con sus valets y subían a las habitaciones, dejando al nervioso Alejandro afuera. Pero cuando irrumpieron en su habitación, la cama estaba desordenada, y el zar loco no estaba en ninguna parte.

Los hombres se habían armado de mucho valor en sus preparativos para forzar al emperador a dejar su título. Pahlen, arrastrando sus palabras, dijo, "el pájaro ha volado".

Bennigsen pudo haber perdido el equilibrio cuando atravesó la habitación y puso una mano sobre la cama. Todavía estaba caliente. "El pájaro no ha volado muy lejos", dijo.

Debió ser un ruido silencioso, quizás un gemido de terror, lo que alertó a los hombres de la presencia de Pablo, que se escondía detrás de un biombo. Arremetieron en su contra con la intención hacerlo firmar la abdicación por la fuerza. Pero todo salió mal. Tal vez Pablo, aterrorizado por su vida, se defendió con más violencia de la que los hombres habían previsto, o tal vez estaban demasiado borrachos para preocuparse. De cualquier manera, uno de ellos puso una bufanda alrededor del cuello de Pablo y la tiró hasta que el emperador se puso rojo, luego púrpura y luego azul. Su último aliento lo abandonó y

Pablo murió exactamente de la manera que siempre había temido. Ni siquiera su incesante paranoia pudo salvarlo al final.[106]

Más tarde, sus oponentes escribirían memorias poco halagadoras de Pablo, que finalmente le dieron la reputación del "zar loco". Es cierto que hubo momentos en los que Pablo parece haber actuado irracionalmente y sin la más mínima pizca de sentido común o auto preservación, sobre todo cuando se trataba de la forma en que trataba a la nobleza. Sin embargo, Pablo tuvo momentos buenos y generosos que facilitaron la vida de los ciudadanos más oprimidos, y a pesar de los malos tratos a su familia, fue conocido por ser un hombre amable a veces.

Uno solo puede preguntarse cuán diferente habría sido la vida, el gobierno y la muerte de este perturbado emperador si su madre se hubiera molestado en prestarle atención. Si Catalina le hubiera enseñado a Pablo su sentido de los negocios y su agudo ingenio, entonces quizás él hubiera seguido sus pasos, aunque con una mano más suave y un corazón más compasivo hacia los siervos. En cambio, Catalina lo descartó, luego depuso a su padre y posiblemente hizo que lo mataran. Los fantasmas de ese fatídico día perseguirían a Pablo por el resto de su vida, convirtiéndolo en el mayor fracaso de Catalina la Grande. Era una emperatriz excepcional, pero dejó mucho que desear como madre.

Alejandro I

Considerando que Alejandro tomó el poder en un sangriento golpe de estado, era extraño que nunca hubiera querido gobernar Rusia.

Criado en el palacio de Catalina la Grande, la infancia de Alejandro le dio todas las riquezas y la educación que podía desear, pero estaba emocionalmente cargado de sentimientos contradictorios. Su abuela tenía grandes expectativas para él, mientras que su padre,

---

[106] "El asesinato del zar Pablo I", *History Today*. Web.

por otro lado, era muy excéntrico y odiaba a su abuela. Alejandro tuvo que aprender a comportarse cuando estaba con sus padres y cuando estaba con Catalina, y se guardó sus opiniones para no molestar a nadie en la familia real.

Las cosas apenas mejoraron tras la muerte del padre de Alejandro. El joven, que entonces solo tenía 23 años, había sido más o menos arrastrado a la conspiración. No tenía aspiraciones al trono y se sintió aliviado cuando su padre asumió el poder tras la muerte de Catalina. Aunque Alejandro podía ver que Pablo estaba causando disturbios en San Petersburgo, era reacio a reclamar su derecho de nacimiento. Sin embargo, la nobleza rusa se mantuvo firme. Querían que fuera el emperador. Alejandro finalmente aceptó el golpe de estado, pero nunca soñó que terminaría con la muerte de su padre. Esperaba que Pablo se viera obligado a abdicar y luego a vivir el resto de sus días en paz, aunque también en desgracia.

La noticia de la muerte de Pablo, aunque no fue directamente culpa suya, destrozó a Alejandro y lo llenó de dolor. Fue un joven extremadamente problemático que se convirtió en el emperador ruso en 1801.

Tanto si quería ser emperador como si no, Alejandro pronto tendría una oportunidad para mostrar que estaba a la altura de su cargo. Los problemas se extendían desde Europa Occidental hacia el este, y pocas naciones saldrían ilesas. La Revolución Francesa había terminado después de diez años de terror en 1799. El mismo año en que Alejandro se coronaba en Rusia, un nuevo monarca había llegado al poder en Francia, quien abolió todas las nuevas ideas de la Revolución Francesa y trajo de vuelta las más antiguas ambiciones de un monarca tradicional: poder absoluto y enormes dominios. Este era Napoleón Bonaparte, y estaba empeñado en conquistar a lo largo y ancho del mundo conocido.

En la batalla de Austerlitz en 1805, el ejército de Napoleón arrasó con todo a su paso, aplastando incluso a los imponentes poderes antiguos de Europa y poniendo fin al propio Sacro Imperio Romano

Germánico. Rusia sería la siguiente, y aunque Alejandro I nunca había querido la corona que pesaba tanto en su cabeza, él era la única esperanza de supervivencia de su país. No fue una sorpresa cuando Napoleón invadió Rusia, comenzando la guerra patriótica de 1812.[107]

Alejandro sabía que una victoria francesa en esta guerra señalaría no solo el fin de su dinastía sino también el fin del estilo de vida ruso. Luchaba por la supervivencia de su pueblo, y luchó hasta la muerte y, en última instancia, hasta la victoria. En diciembre de 1812, el glorioso ejército que había dado tanta fama a Napoleón era una sombra de lo que había sido, diezmado por el invierno ruso y por los constantes esfuerzos de Alejandro por mantener a su nación libre. Alejandro cabalgó hasta el mismo París a la cabeza de un ejército victorioso; fue quizás el emperador reacio más célebre de la historia de Rusia.

Alejandro fue una figura clave en la formación de la Santa Alianza, una serie de tratados que tenían la intención de prevenir nuevas revoluciones y restaurar la estabilidad en toda Europa. También fue elogiado por restaurar el equilibrio de poder en las grandes y antiguas naciones de Europa. Sin duda, la historia habría sido muy diferente si los franceses hubieran invadido Rusia.

Dentro de la propia Rusia, Alejandro era un gobernante muy popular entre la nobleza y los plebeyos. Se las arregló para encontrar un equilibrio entre mantenerse en paz con la nobleza y ayudar a los pobres. Aunque prometió gobernar como lo había hecho Catalina la Grande, y cumplió su promesa en muchos aspectos, Alejandro no compartía su falta de compasión por las clases bajas. Reformó muchas leyes para dar a los siervos una mejor calidad de vida, e incluso redactó la abolición de la servidumbre por contrato, aunque esto no se publicó durante su reinado.

---

[107] "Alejandro I", *Saint-Petersburg.com*. Web.

Sin embargo, no importa cuánto honor y gloria ganó con su gobierno, esto nunca satisfizo el corazón de Alejandro. Sus últimos años los pasó en una profunda religiosidad y una constante inmersión en el cristianismo, ya que aún lloraba la muerte de su padre y era profundamente infeliz por llevar la Corona Imperial. Murió de tifus en 1825, aunque hubo muchas leyendas en torno a su muerte, algunas de las cuales afirmaban que Alejandro simplemente abdicó y se convirtió en monje. Estas leyendas ganaron popularidad en la década de 1920 cuando el gobierno soviético abrió su ataúd y descubrió que sus huesos no estaban allí. De cualquier manera, el gobernante que salvó a Rusia de Napoleón fue recordado como Alejandro el Bendito.[108]

---

[108] "Rusos prominentes: Alejandro I", *Russiapedia*. Web.

Capítulo 10 – Censura y emancipación

La muerte de Alejandro, quien no tenía hijos, sumió a Rusia en el caos. Esto debe haber sorprendido a muchos rusos, ya que había un heredero lógico al trono ruso: el hermano de Alejandro, Constantino. Este último, sin embargo, renunció a su derecho al trono, y así todas las miradas se dirigieron al tercer hijo de Pablo: Nicolás.

Nicolás I

A diferencia de Alejandro, Nicolás nunca esperó convertirse en el emperador, pero, al mismo tiempo, estaba ansioso por tomar ese amplio poder.

Nicolás se crio en la casa de sus padres, donde compartía el amor de su padre por los extensos ejercicios militares que se realizaban todas las mañanas a las once en punto para su placer real. Sus tutores eran estrictos, pero no cultivaban el interés del joven príncipe en la academia. Nicolás prefería el ejército, aunque su propia carrera como soldado era sombría. Cuando Constantino renunció al trono, y la corona cayó en manos de Nicolás, vaciló momentáneamente. No había sido criado para convertirse en el emperador. No se sentía preparado. Sin embargo, el ego de Nicolás se impuso rápidamente, y después de casi tres semanas de incertidumbre, aceptó ser coronado.

La coronación fue un evento memorable. Muchos rusos se habían puesto del lado de Constantino y no estaban contentos de ver a Nicolás haciendo el juramento de lealtad. Una revuelta estalló cuando un grupo de jóvenes oficiales irrumpió en la ceremonia. Nicolás, preso del pánico, pidió que se abriera fuego al cañón. En lugar de haber celebración, la muerte invadió las filas de los manifestantes y la sangre fluyó por las calles de San Petersburgo. Más tarde conocidos como los "decembristas", los sobrevivientes de la revuelta fueron finalmente desterrados al inhóspito y frígido páramo de Siberia.[109]

Es difícil culpar a Nicolás por la sospecha y la paranoia que caracterizó su reinado. Sin embargo, mientras que la muerte del padre de Alejandro lo hizo un gobernante humilde conducido por la culpa que buscaba la justicia y la piedad, a Nicolás lo volvió un tirano déspota. Se convirtió en un maniático del control en todos los sentidos, reaccionando de forma exagerada a cualquier cosa que se percibiera como una rebelión e intentando controlar cada acción de su pueblo. Y hubo muchas rebeliones. Los polacos intentaron deshacerse de la influencia rusa en su país, y su intento fue brutalmente aplastado, convirtiendo al país en una provincia rusa.

Sin embargo, la mejor prueba de las tendencias controladoras de Nicolás era la censura. La "Carta de censura de hierro fundido", promulgada por el zar menos de un año después de su coronación, estaba compuesta por 19 capítulos, en los que había 230 párrafos.[110]

El nuevo reglamento era extremadamente estricto, con leyes relacionadas no solo con el contenido o la temática de lo que se publicara, sino también con la gramática. "No se permite la

---

[109] "Rusos prominentes: Nicolás I", *Russiapedia*. Web.

[110] "Introducción de una carta de censura de hierro fundido bajo el mandato de Nicolás I. Carta de censura de hierro fundido". *Parkvak*. Web.

publicación de ensayos y manuscritos en el idioma ruso en los que se violen claramente las reglas y la limpieza del idioma ruso o que estén llenos de errores gramaticales, y que no tengan la debida corrección por parte de los escritores o traductores".[111] Lo más importante es que la carta introdujo la creación de un departamento de censura con un poder absoluto, encabezado por el Comité Supremo de Censura. El comité estaba compuesto por los ministros de asuntos exteriores, asuntos internos y educación. Estos miembros del comité eran responsables de asegurar que los trabajos publicados no criticaran a la monarquía, el gobierno o cualquier otra autoridad. Tampoco se permitían propuestas de reforma.

La censura propiamente dicha debía ser llevada a cabo por el Ministerio de Publicaciones, que era supervisado por la Dirección Principal de Censura. El Comité Supremo de Censura debía apoyar los esfuerzos del Ministerio de Publicaciones. Sin embargo, estos no eran los únicos órganos administrativos que participaban en el amplio proyecto. El Departamento Espiritual, la Academia de Ciencias y todas las universidades rusas también estaban involucrados.

En 1828 se publicó una versión ligeramente revisada de la carta, en la que se hacían concesiones para la publicación de la historia, la geografía y las estadísticas de Rusia.[112] Estaban permitidos solo si fomentaban un sentido de lealtad a Rusia y no se considerara que dañaban la fe y la moralidad del pueblo o del propio zar.

Estos, así como otros métodos brutales, hicieron a Nicolás I muy impopular. León Tolstoi, que vivió durante su reinado, repudió a Nicolás y lo catalogó como "un enemigo de la iluminación". El resto del mundo veía al emperador ruso como atrasado, ya que estaba arrastrando a Rusia hacia el pasado primitivo durante una época en la que Europa Occidental estaba alcanzando el progreso y se encontraba

---

[111] Ibíd.

[112] Ibíd.

al borde mismo de la Revolución Industrial. Nicolás no estaba ni remotamente interesado en la cultura o la educación. Estaba mucho más interesado en expandir su imperio, cosa que logró al extender sus fronteras hasta el Pacífico.

Su ambición resultaría ser su perdición. Con la esperanza de derrocar al poderoso Imperio otomano, Nicolás comenzó la guerra de Crimea contra ellos en 1853. Gran Bretaña y Francia se aliaron con los turcos para luchar contra Rusia, lo que resultó en una derrota vergonzosa tras otra. Se dice que estas derrotas impactaron tanto a Nicolás que se suicidó después de enterarse de una en 1855, aunque hay poca evidencia que pruebe este rumor.

En cambio, se cree que Nicolás murió de neumonía y que fue atendido en su lecho de muerte por su esposa, su hijo y su médico. Este último quedó tan impresionado por la calma con la que el emperador de cincuenta y ocho años se enfrentó a su inminente destino que más tarde escribiría: "nunca he visto a nadie morir así. Había algo sobrehumano (en el cumplimiento de los deberes del emperador) hasta en su último aliento".[113]

Alejandro II

Alejandro, de treinta y siete años, era el hijo mayor de Nicolás I y fue quien lo acompañó en su lecho de muerte. Nicolás había controlado todo lo relacionado con su reinado, y la identidad de su sucesor no fue la excepción, ya que se aseguró de que la llegada al poder de Alejandro fuera suave y pacífica.

Alejandro II se encontró gobernando una Rusia diezmada por la guerra de Crimea.[114] Sus arcas estaban vacías, su ejército destrozado y culturalmente tenía décadas de atraso con respecto a sus vecinos occidentales, ya que la era victoriana había florecido en una época de

---

[113] "Muerte del zar Nicolás I de Rusia", *History Today*. Web.

[114] "Alejandro II", *Saint-Petersburg.com*. Web.

crecimiento académico y cultural. Alejandro era muy consciente de que habría que hacer muchos cambios y que muchos de ellos no serían fáciles de hacer.

Como nació mucho después de la muerte de Pablo, Alejandro sería el primer emperador en décadas que no se traumatizó por ese trágico asesinato, y eso se demostró en el enfoque tranquilo y racional de su gobierno. Sus viajes por Europa de niño (durante los cuales tuvo un enamoramiento significativo, aunque no correspondido, de la propia reina Victoria) permitieron a Alejandro tener una visión más amplia que la de su padre, además de no tener la culpa paralizante que atormentaba a su tío. Alejandro comenzó a introducir de forma inmediata una serie de reformas que arrastrarían a Rusia a una nueva era. Estas serían conocidas como las "Grandes reformas". Incluyeron la redacción de una Constitución rusa, pero lo más importante, cambiaron las vidas de millones de siervos en los dominios de Alejandro, y esta vez, sería para siempre.

Ya se habían producido numerosos cambios en el área de la servidumbre durante los reinados de los predecesores de Alejandro, pero ninguno de ellos tuvo el mismo impacto que el suyo. Cuando Alejandro II tomó el poder, los siervos todavía tenían vidas completamente miserables. Sus amos eran prácticamente sus dueños y los siervos no tenían más remedio que trabajar las tierras de los hombres a los que servían. Incluso cuando se las arreglaron para poseer pequeñas parcelas de tierra, solo se les permitió quedarse con una pequeña porción de los cultivos que sacaban del duro suelo ruso. El resto pertenecía a los ricos terratenientes, quienes se beneficiaban constantemente de la subyugación de estas pobres almas. Los siervos apenas tenían unos pocos derechos y vivían en extrema pobreza y opresión, con vidas dictadas por sus amos. De hecho, aunque a estos hombres, mujeres y niños se les llamaba "siervos" o a veces "sirvientes contratados", eran prácticamente esclavos.

Eso fue hasta el 3 de marzo de 1861, cuando Alexander cambió todo al publicar su Manifiesto de Emancipación en San Petersburgo.

Admitió abiertamente que la legislación actual solo beneficiaba a las clases altas y medias, lo que causaba una mayor opresión de las clases bajas. Anteriormente, Alejandro intentó defender la servidumbre en la época de sus predecesores y llamaba a la servidumbre forzada de las clases bajas una "sumisión afectuosa" en lugar de lo que realmente era: las acciones de personas atemorizadas que no tenían otra opción. Más tarde se dio cuenta de que la servidumbre ya no podía continuar. Se había extinguido en Europa Occidental poco después de la Edad Media y ya era hora de su desaparición en Rusia.

Alejandro II admitió que los campesinos habían sido maltratados y que la servidumbre ya no era beneficiosa para su bienestar. Describió la cuestión de mejorar el bienestar de los siervos como "una herencia sagrada" que le habían dejado sus predecesores. Era "una misión que, en el transcurso de los acontecimientos, la Divina Providencia nos ha llamado a cumplir". Finalmente dio a los siervos la noticia que habían estado esperando escuchar durante generaciones. "La nobleza renunció voluntariamente a su derecho a tener siervos", les dijo.[115]

Podría decirse que la vida de los siervos no cambió demasiado. Todavía vivían en una pobreza desesperada y tenían que trabajar duro en un intento por ganar lo suficiente para comprar algunas tierras de los ricos propietarios, que todavía tendían a maltratarlos. Sin embargo, por fin eran personas libres con los mismos derechos que los nobles que una vez los habían tratado como nada más que objetos.

Aunque Alejandro alivió la presión del ejército vendiendo algunos de los territorios más lejanos del imperio, incluyendo Alaska a los Estados Unidos de América en 1867, continuó expandiéndolo y entendió su frontera hasta Irán. Las ganancias de la venta de Alaska se

---

[115] "El Manifiesto de Emancipación, 3 de marzo de 1861". Polnoe sobranie zakonov Russkoi Imperii (Colección completa de las leyes del Imperio Ruso), 2ª Serie, vol. 36, no. 36490.

utilizaron para bañar en oro las cúpulas de la catedral de San Isaac en San Petersburgo.[116]

Sin embargo, ni la expansión ni las reformas podían satisfacer verdaderamente a los grupos revolucionarios radicales que se estaban formando durante la época. Uno de ellos, el *Narodnaya Volya* (a menudo traducido como "Voluntad del Pueblo"), causaría en última instancia la muerte del emperador.[117] A pesar de que sus cuatro primeros intentos de asesinar a Alejandro habían fracasado, incluyendo el acto particularmente creativo de descarrilar el tren real, finalmente lograron matarlo el 1 de marzo de 1881, cuando arrojaron numerosos explosivos a su vagón. Estos detonaron causándole heridas mortales.[118] Murió más tarde ese día. Años después, su asesinato sería comparado con el de Abraham Lincoln, ya que ambos murieron por emancipar a aquellos que tenían pocas o ninguna libertad.[119]

Alejandro III

El gran duque Alejandro Alexandrovich nació el 10 de marzo de 1845 en San Petersburgo y fue el segundo hijo del zar Alejandro II y de la emperatriz María Alexandrovna.[120] Por ello, el hermano mayor de Alejandro, Nicolás, se preparó para hacerse cargo del imperio, mientras que el propio Alejandro siguió el camino militar. Todo esto cambió cuando Nicolás contrajo meningitis durante una visita a Europa y murió mientras estaba en Francia en 1865, lo que modificó el futuro de Alejandro. Cuando tenía veinte años, de repente se le pidió que asistiera a lecciones de historia, derecho y economía, las

---

[116] "Rusia: Una línea de tiempo".

[117] "Narodnaya Volya", *Enciclopedia Británica*. Web.

[118] "Zar Alejandro II asesinado en San Petersburgo", *History.com*. Web.

[119] "6 hechos sobre Alejandro II", *Beyond Russia*. Web.

[120] "Alejandro III". *St.Petersburg.com*. Web.

cuales sus tutores habían pasado por alto para que aprendiera equitación y estrategia militar.

Afortunadamente, Alejandro Alexandrovich era un joven inteligente y ya dominaba el francés, el inglés y el alemán. También era bastante musical, ya que le habían enseñado a tocar la trompeta y el trombón. La gente que lo conocía personalmente lo consideraba atlético, saludable y extremadamente modesto. Aunque compensó las lagunas de su educación, Alejandro continuó su entrenamiento con el ejército ruso, pues eligió continuar su trayectoria profesional original junto con los deberes como heredero aparente de Rusia.

No solo se esperaba que el príncipe Alejandro llenara el vacío político dejado por su hermano Nicolás, sino que también se le persuadió de que se casara con la prometida de su hermano, María Sofía Federica Dagmar, más conocida como María Feodorovna. Nicolás le rogó a Alejandro que se casara con la princesa danesa y así lo hizo. La pareja se casó en 1866 y tuvieron un matrimonio fértil y feliz a todas luces. Alejandro apodó cariñosamente a su esposa "Minnie" y ella le dio seis hijos.[121]

La muerte del padre de Alejandro, que se produjo de forma violenta y pública a manos de los revolucionarios, llevó a su hijo a evitar las políticas liberales que habían desagradado de forma tan terrible a los asesinos de su padre. Alejandro III canceló la institución de lo que podría haber sido la primera constitución real de Rusia y revirtió muchas de las reformas políticas de su padre, aunque mantuvo la emancipación de la servidumbre. Se declaró a sí mismo un monarca absoluto, poniendo fin a lo que parecían ser los primeros pasos de Rusia hacia algo como la democracia.

No obstante, Alejandro III estaba lejos de ser un déspota. Demostró ser un gobernante gentil que dio a Rusia una era de paz y prosperidad durante una época problemática para el resto del mundo. Durante su reinado, que duró hasta 1894, Alejandro se dio a conocer

---

[121] "Alejandro III". *St.Petersburg.com*. Web.

como un hombre de familia alegre y amigable que era muy querido en toda Rusia. Evitó la guerra, por lo que se le conoció como Alejandro el Pacificador.[122]

En 1894, Alejandro tuvo una enfermedad renal terminal. Se especula que un accidente de tren en 1888, durante el cual Alejandro fue aclamado como un héroe por levantar unos escombros sobre los hombros para permitir que su familia escapara, pudo haber causado daños internos en uno de sus riñones, provocando la infección que tanto le afectó. La reina Olga de Grecia, pariente de la esposa de Alejandro, se ofreció a permitirle descansar en una mansión en Corfú con la esperanza de que el suave clima fuera bueno para el emperador enfermo. Lamentablemente, Alejandro nunca llegó tan lejos. Murió en Crimea el 1 de noviembre de 1894, rodeado de su amada familia. Pasaría a la historia como el último gobernante Romanov que realmente ejerció el poder imperial durante su reinado.

Sin embargo, no fue el último Romanov en reinar. Habría un emperador más en su linaje antes de que la dinastía finalmente se extinguiera para siempre de una manera horrorosa.

---

[122] "Rusos prominentes: Alejandro III el Pacificador", *Russiapedia*. Web.

Capítulo 11 – Un final sangriento para una dinastía gobernante

Ilustración V: Los últimos Romanov

Alejandro III dejó un heredero legítimo: su hijo mayor, Nicolás. El joven tenía veintiséis años cuando su padre murió, y a pesar de que había sido el príncipe heredero de Rusia toda la vida, desgraciadamente Nicolás parecía no estar preparado para el gobierno que tenía por delante.

El emperador desconcertado

Cuando Nicolás II se convirtió en emperador a principios de noviembre de 1894, su primera reacción parece haber sido nada más que el desconcierto. Al igual que su padre, le apasionaba el ejército y evitaba cualquier entrenamiento en la política, cosa que se volvería en su contra cuando se colocaron los cuatro kilos de diamantes de la Corona Imperial en su joven frente. "No sé nada sobre gobernar", confió a un amigo, añadiendo que nunca quiso ser el emperador. Sin embargo, le gustara o no, el trono imperial de Rusia era su derecho por nacimiento, y Nicolás asumió el poder de una nación turbulenta en un mundo que descendía rápidamente hacia su primera guerra mundial verdadera.[123]

Las cosas no empezaron bien, ya que la coronación de Nicolás fue nada menos que desastrosa. Lo coronaron en 1896 junto a la mujer con la que se había casado dos años antes, Alejandra Feodorovna. Eran una joven pareja feliz que sonreía y saludaba a la gente durante su coronación. Desafortunadamente, y sin saberlo, mientras sus rostros sonrientes miraban a la gente, una multitud de espectadores estalló en el caos. Más de mil personas fueron pisoteadas hasta la muerte en la locura, y Nicolás y Alejandra miraban sonrientes sin darse cuenta de lo que pasaba. Esto lo hizo inmediatamente impopular entre la gente.

---

[123] "Nicolás II", *Biography.com*. Web.

Las cosas no mejoraron por el hecho de que, tal como su padre, Nicolás era un autócrata devoto que creía fervientemente en su derecho divino al trono y su autoridad absoluta sobre el pueblo. Estas ideas encajaban fácilmente en la época de Pedro el Grande, y podrían haber sido anticuadas para Alejandro III, pero el pueblo se las había tragado gracias a su amable y capaz administración. Sin embargo, con el incompetente Nicolás II en el trono, el pueblo comenzó a rechazar la idea de una monarquía absoluta.

Rusia ya se tambaleaba al borde de una inestabilidad total, y no estaba exenta de la tensión que inundó Europa. La pobreza estaba ampliamente extendida, lo que dejaba a las masas hambrientas con la idea de una revolución en sus mentes. Peor aún, Japón, sintiéndose amenazado por las fronteras rusas en constante expansión, decidió atacar a Rusia en 1904.

La guerra ruso-japonesa había tardado mucho en llegar. Aunque Pedro el Grande había logrado tener acceso al océano, Rusia todavía necesitaba un puerto en el Pacífico que no se congelara durante el invierno. Nada más tenían puerto Arturo, un puerto que Rusia alquilaba a Corea y que no estaba totalmente bajo el control ruso. Esto puede haber sido una de las razones por la que Rusia prestó su apoyo a China durante la guerra sino-japonesa de 1895.

Menos de una década después, Japón se sentía cada vez más amenazado, ya que sus negociaciones con China no pudieron continuar debido a la interferencia rusa. Finalmente, el 8 de febrero de 1904, los japoneses lanzaron un ataque sorpresa a puerto Arturo. Cuando los rusos contraatacaron, comenzó la guerra ruso-japonesa. Fue un sangriento preludio de las guerras mundiales que seguirían. La guerra ruso-japonesa se cobró alrededor de 170.000 vidas, incluyendo 20.000 civiles chinos inocentes. A pesar de los esfuerzos de Rusia, la fuerte armada japonesa demostró ser demasiado para que los rusos la superaran. Las conversaciones de paz comenzaron en 1905, y ese año se firmó el Tratado de Portsmouth, con la mediación del presidente de los Estados Unidos Theodore Roosevelt, quien recibió el Premio Nobel de la Paz por sus esfuerzos.

Rasputín

Aunque Nicolás profesaba creer fervientemente en su total autoridad sobre Rusia, parece que no tenía mucho interés en gobernarla realmente. Estaba mucho más interesado en su esposa e hijos. Después de su matrimonio, Alejandra le dio cuatro hijas, una tras otra. Nicolás se preocupaba por ellas, y adoraba a Alejandra, por lo que pasaba horas con su familia en lugar de gobernar la nación.

El único hijo de la pareja, Alexei, nació el 12 de agosto de 1904.[124] El zar Nicolás II, que llevaba un diario con regularidad, escribió, "¡no hay palabras suficientes para agradecer al Señor por este alivio que nos envió en estos tiempos difíciles!".[125]

Sin embargo, el zar y la zarina pronto descubrirían que el príncipe había nacido con hemofilia, una enfermedad que le causaba un gran y prolongado dolor en las ocasiones en las que otros niños simplemente tendrían un golpe, un rasguño o un moretón. Es más que probable que heredara este trastorno congénito de su madre, cuya abuela era la reina Victoria, que también es conocida por ser portadora de la enfermedad. La hemofilia impide que la sangre se coagule rápidamente, lo que significa que los moretones se convierten en largas hemorragias internas, y los cortes podrían causar una peligrosa pérdida de sangre. El príncipe Alexei sufrió mucho por esta enfermedad, particularmente cuando las hemorragias internas se filtraron en sus articulaciones y le impidieron doblarlas o enderezarlas. A veces, durante la juventud del muchacho, tenía que ser cargado por sirvientes.

---

[124] Yegorov, Oleg. "Cómo la 'enfermedad real' destruyó la vida del último zarevich de Rusia". *Russia Beyond.* 21 de agosto de 2018.

[125] Ibíd.

Cuando Alexei tenía dos años, los padres reales tuvieron un encuentro importante con un místico siberiano excéntrico llamado Grigori Rasputín.[126] Rasputín había pasado meses en un monasterio siberiano antes de vagar por Rusia como un autoproclamado hombre santo. Como habían oído hablar de sus supuestos poderes curativos, los miembros de la Iglesia ortodoxa rusa le presentaron a Rasputín al matrimonio real. Desesperados por encontrar algo de consuelo para su joven hijo, la realeza invitó a Rasputín a visitar al príncipe y ver si había algo que pudiera hacer sobre la enfermedad del chico.

No existe ninguna documentación médica precisa que pueda probar que Rasputín hizo algo milagroso, pero está claro que el príncipe Alexei se alivió por la presencia y las administraciones del hombre santo. Su hermana Olga observó algunas de las sesiones de curación y explicó que consistían en que Rasputín se arrodillaba a los pies de la cama de Alexei, rezando. Algunos rusos creían que usaba algún tipo de poder mágico, ya fuera bueno o malo, para curar al niño, mientras que los historiadores médicos tienden a creer que era la presencia tranquilizadora del hombre en toda la casa de los Romanov lo que aliviaba parte del sufrimiento de Alexei.

El Domingo Sangriento y la Primera Guerra Mundial

Rasputín pudo haber sido capaz de calmar a la familia real rusa, pero no hubo ninguna pacificación del resto de la nación. Muertos de hambre y maltratados por las clases altas, los rusos comunes y corrientes comenzaron a enojarse. Los jóvenes estaban siendo reclutados para la guerra con Japón, en la que el ejército ruso sufría una derrota tras otra. Las exigencias no eran atendidas y la gente sentía que sus voces no eran escuchadas. En 1905, las cosas llegaron por fin a un punto crítico.

---

[126] Harris, Carolyn. "El asesinato de Rasputín 100 años después". *Revista del Smithsonian*. 27 de diciembre de 2016.

Empezó de forma inofensiva en la mañana del 22 de enero. Un sacerdote radical, el padre Gueorgui Gapón, reunió a un grupo de manifestantes y los condujo en una pacífica, pero ruidosa, marcha a través de San Petersburgo hasta las puertas del majestuoso Palacio de Invierno. El pueblo planeaba exigir reformas sociales y políticas que mejoraran su vida cotidiana y aliviaran su sufrimiento. Pero cuando llegaron al Palacio de Invierno, sufrimiento fue todo lo que encontraron. Los soldados de Nicolás comenzaron a disparar a las filas desarmadas de manifestantes. El pánico estalló, con gritos y disparos en el aire todavía invernal. La sangre se mezcló con la nieve y se acumuló en el pavimento, y los manifestantes se dispersaron, muchos de ellos heridos. Muchos otros yacían todavía en la calle, para no volver a levantarse nunca más. Más de 1.000 personas murieron en lo que se conoció como el Domingo Sangriento.[127]

Indignadas por esta horrible masacre de inocentes, otras personas de la clase baja y media organizaron pequeñas rebeliones en toda Rusia, las cuales fueron reprimidas con un nivel de violencia similar. Miles de personas perdieron sus vidas, mientras Nicolás tapaba sus oídos y se negaba a escuchar lo que le decían. Muchas personas murieron antes de que finalmente prometiera celebrar una serie de reuniones especiales para discutir la reforma social, que fue otra promesa vacía que el emperador nunca cumplió.

El pueblo ruso, intimidado por el trato brutal de Nicolás a los manifestantes, evitó las rebeliones o protestas abiertas, pero el descontento seguía creciendo. Las condiciones eran cada vez más propicias para una revolución y, en las sombras, la gente empezó a recurrir a los carismáticos líderes de los grupos rebeldes, que parecían más dispuestos a cumplir sus promesas que Nicolás. El más prominente de ellos era Vladimir Lenin. Su nombre es infame ahora, pero en aquel entonces, era solo un joven enojado y astuto que seguía dolido después de la ejecución de su hermano en 1887, quien había

---

[127] "Masacre del Domingo Sangriento en Rusia", *History.com*. Web.

sido parte de uno de los muchos complots para matar a Alejandro III. Lenin llamó a sus seguidores bolcheviques y los preparó silenciosamente para la guerra.

Sin embargo, para 1915, un conflicto diferente había desviado la atención de Nicolás lejos de los problemas que se estaban gestando en casa. La Primera Guerra Mundial había estallado en 1914 y Rusia había entrado como aliada de Gran Bretaña, principalmente gracias al matrimonio de Alejandra y Nicolás. Los ejércitos de Nicolás no tenían un buen desempeño en la guerra, y en 1915, decidió con el corazón apesadumbrado que era hora de dejar atrás a su familia y hacer la única cosa para la que era bueno: comandar a sus tropas. Viajó al frente, dejando a Alejandra y su familia a salvo en San Petersburgo.

Con Nicolás al mando se fortaleció el desempeño del ejército ruso en la guerra, pero a un costo espantoso. Puso todos sus recursos en la lucha contra los alemanes mientras su propia gente moría de hambre en las calles. Rusia simplemente no podía permitirse la Primera Guerra Mundial, y el descontento de su pueblo creció más y más con el gobierno de la emperatriz Alejandra, que estaba tomando muchas decisiones administrativas en ausencia de Nicolás. Para empeorar las cosas, estaba fuertemente influenciada por el místico Rasputín. Fue gracias a su consejo que Alejandra reemplazó a muchos funcionarios capaces del gobierno con algunos de los aliados de Rasputín.

Sin embargo, al final no le sirvió de nada. En 1916, un grupo de nobles atacó y asesinó a Rasputín, esperando que el fin de su influencia en Alejandra restaurara alguna forma de estabilidad en el gobierno. El asesinato tuvo el efecto contrario en Alejandra, quien se volvió más desconfiada y paranoica, y Rusia continuó en una espiral descendente hacia el caos.

La Revolución rusa

En 1917, Nicolás se enteró de los crecientes problemas en su país. Para febrero, los disturbios habían estallado en las calles de San Petersburgo. Decidió que era hora de dejar su ejército y volver rápidamente a casa con su esposa e hijos y a los disturbios que se estaban convirtiendo rápidamente en una revolución a gran escala. Sin embargo, cuando Nicolás intentó entrar a la nación que estaba gobernando, su propio ejército lo detuvo. Se negaron a dejarlo volver a casa. Al mismo tiempo, un motín estalló entre los soldados que se suponía que estaban vigilando San Petersburgo; en lugar de detener a los alborotadores, se unieron a ellos.

Es difícil imaginar lo desesperado que Nicolás debe haberse sentido en ese momento. Considerando lo mucho que adoraba a su familia, la separación de dos años debió ser intolerable. Ahora, estaba varado a cientos de kilómetros de ellos, incapaz de volver a casa y consciente de que la ciudad donde vivían estaba llena de revolucionarios asesinos. Estaban desprotegidos sin sus guardias y Nicolás sintió que no tenía otra opción. Sin un ejército, era tan impotente como cualquier persona común que había muerto de hambre bajo su régimen. Firmó su abdicación el 15 de marzo de 1917, poniendo fin al dominio de la dinastía Romanov.

La familia real prisionera

El fin del gobierno de los Romanov había llegado, pero el fin de la familia Romanov fue mucho más brutal. Nicolás al menos logró reunirse con su esposa e hijos, que ahora eran adolescentes y jóvenes adultos, siendo el más joven Alexei de doce años. Aunque era quizás el que más se preocupaba por su hijo, Nicolás debió estar aterrorizado por lo que les pasaría a todos ellos ahora que estaban bajo el control del Gobierno Provisional ruso.

Al principio, parecía que ser depuesto y encarcelado era un sueño hecho realidad para Nicolás. La familia fue llevada a una mansión al este de los montes Urales, y se les permitió llevar a su vasto personal de treinta y nueve sirvientes leales con ellos. El tremendo peso de gobernar el imperio fue inmediatamente quitado de los hombros de Nicolás, y se encontró a sí mismo como un hombre libre a pesar de estar entre rejas. Por primera vez, Nicolás pudo hacer lo que realmente quería: quedarse en casa con su amada esposa e hijos.

Durante algunos meses felices, Nicolás no tuvo que preocuparse por las guerras. La familia estaba bien atendida y él podía pasar momentos felices en la casa y el jardín con la familia que tanto había extrañado durante años mientras luchaba en una guerra sombría y sangrienta. Incluso había esperanza de que pudieran ser exiliados a Gran Bretaña bajo el cuidado amistoso del rey Jorge V o que se les permitiera ir a su finca y casa de vacaciones en Crimea. Nicolás vivió su vida de una manera más despreocupada durante unos meses, aunque esto no duró mucho tiempo.

Rusia se había librado de la monarquía, pero no de sus partidarios. Después de que Vladimir Lenin y los bolcheviques derrocaron al Gobierno Provisional en un golpe relativamente pacífico en 1917, Rusia se convirtió en marxista, pero no sin luchar. Estalló la guerra civil, ya que el país estaba muy dividido. El Ejército Rojo de Lenin luchó contra el Ejército Blanco, que estaba compuesto por aquellos que querían que se reinstaurara la monarquía. Estaban decididos a alcanzar a los Romanov y a luchar para que Nicolás volviera al trono que nunca había querido en primer lugar.

A medida que el Ejército Blanco comenzó a ganar terreno y a acercarse a la casa de Nicolás, los nerviosos revolucionarios se dieron cuenta de que debían evitar que llegaran a Nicolás a toda costa. En abril de 1918, desarraigaron a toda la familia y los trasladaron con solo cuatro de sus sirvientes a un pueblo profundamente antimonárquico, Ekaterimburgo, donde los pusieron en una casa sencilla conocida como la casa Ipatiev. Allí, los Romanov pasaron un verano relativamente tranquilo. Sus guardias eran severos, y su contacto con el mundo exterior fue totalmente eliminado, pero parece que fueron tratados lo suficientemente bien y vivieron como una familia bastante ordinaria. De hecho, las mujeres del pueblo que fueron llevadas como limpiadoras dirían más tarde que los Romanov parecían ser un grupo de personas agradables, humildes, modestas y normales. Las chicas Romanov, que una vez fueron grandes duquesas de Rusia, ahora incluso se arrodillaban para fregar los pisos con las mujeres del pueblo. Alexei era, como siempre, particularmente encantador. Sus enormes y suaves ojos capturaban corazones por todas partes, despertando simpatía por su delicada y enfermiza apariencia.

La ejecución

Sin embargo, no había simpatía en los corazones de los partidarios de Lenin que controlaban el destino de los Romanov. Con el Ejército Blanco ganando terreno constantemente, se dieron cuenta de que solo había una manera de resolver el problema de los Romanov: la familia tendría que ser eliminada completamente de la ecuación.[128]

El 17 de julio, los guardias de los Romanov les ordenaron bajar al sótano, asegurando que debían esconderse del avance del Ejército Blanco por su propia seguridad.[129] Incluso entonces, Nicolás no sospechaba nada. Estuvo de acuerdo, dispuesto a hacer todo lo posible para mantener a su familia a salvo. Tomó al pequeño Alexei en sus brazos para protegerlo y los condujo al pequeño cuarto oscuro debajo de la casa, con lo que condujo a su propia familia y a sus leales sirvientes a su matanza sin saberlo.

---

[128] "Por qué el zar Nicolás II y los Romanov fueron asesinados", *History.com*. Web.

[129] "La muerte de una dinastía: Cómo los Romanov encontraron su fin", *National Geographic*. Web.

Cuando llegaron al sótano, Nicolás fue informado abruptamente de que estaba condenado a muerte por los crímenes que había cometido contra el pueblo de Rusia. El emperador no tuvo tiempo de gritar o suplicar por las vidas de sus hijos inocentes. Las balas le atravesaron el cuerpo, salpicando a su familia con su sangre; fue asesinado rápidamente y un disparo en la cabeza eliminó a Alejandra. Sus hijos gritaron. Los soldados bolcheviques se abalanzaron sobre los aterrorizados niños y sirvientes, ignorando sus gritos y súplicas, y comenzaron a rasgar sus cuerpos con sus afiladas bayonetas. Hubo gritos, cortes, patadas y gritos de ira. Y luego solo hubo silencio.

Asesinados de forma atroz, los Romanov estaban todos muertos.

Conclusión

La mayoría de los Romanov yacen seguros enterrados en las catedrales de sus antepasados. Nicolás II y su familia no tuvieron un final tan digno. Quemaron sus cuerpos, los disolvieron con ácido y los arrojaron descuidadamente en tumbas apresuradas. La dinastía Romanov pereció con ellos. La monarquía rusa en su conjunto tampoco sobrevivió, ya que pronto fue reemplazada por la Unión Soviética.

El trágico final de la familia Romanov es uno que se ha convertido en casi legendario, y de hecho, muchas leyendas surgieron después de la muerte de Nicolás y su familia. Una serie de "falsas Anastasias" aparecieron en los años siguientes. Estas eran jóvenes mujeres que intentaban reiniciar la monarquía o simplemente tratar de ganar fama y fortuna. Estas mujeres, que afirmaban ser la hija menor de Nicolás II, Anastasia, eran todas falsas. Las pruebas genéticas en los restos de los Romanov después de la caída de la Unión Soviética probarían que Anastasia había estado muerta desde 1918.

Los Romanov gobernaron por más de 300 años, tiempo durante el cual Rusia vio al mundo entero cambiar dramáticamente. Todos estos líderes tuvieron un papel importante en el proceso que cambió la cara de la historia para siempre, desde el poderoso, pero despótico, Pedro el Grande, que asesinó a su propio hijo, hasta el adorable Nicolás II, que sin querer llevó a su preciada familia a la muerte. Todos ellos tenían un poder extraordinario y gobernaron una nación tan grande que a veces eclipsaba una sexta parte de la superficie terrestre.

Sin embargo, sus historias sirven para señalar una verdad descarada: todos ellos eran gente común. Desde los locos hasta los mundanos, desde los ambiciosos hasta los paranoicos, eran seres humanos que tenían más poder del que les convenía. Y sus historias sirven como un cuento con moraleja sobre la naturaleza del poder absoluto.

Vea más libros escritos por Captivating History

www.ingramcontent.com/pod-product-compliance
Lightning Source LLC
LaVergne TN
LVHW041643060526
838200LV00040B/1694